Christiane Raabe
Katharina Festner

Spaziergänge durch Mozarts Salzburg

Arche

Inhalt

Vordere Vorsatzseiten:
Blick vom Mönchsberg auf die Stadt Salzburg
Frontispiz:
***Jedermann*-Premiere, 1936**
Foto: Robert Haas
Hintere Vorsatzseiten:
Hohensalzburg von Südwesten

Lithos: Hillebrandt, Hamburg
Gesamtherstellung: Wilhelm Röck, Weinsberg
Printed in Germany
ISBN 3-7160-2268-3

Salzburg – »eine glückhaft verspielte Stadt«

»Hier feiert alles, die ganze Welt, die Menschen, der Sternenhimmel über den Dächern, die Bäume, die plätschernden Brunnen, der uralte Stein«, schrieb Thomas Bernhard über Salzburg, und Stefan Zweig war der Überzeugung: »... wenn hier Musik und Festspiele beginnen, so wird nichts Fremdes und Neues gewaltsam der Stimmung der Stadt aufgepfropft, sondern der in Stein eingegrabene Gedanke der Festlichkeit wird erst wahrhaft erfüllt, die gleichsam eingefrorene Musik dieser Mauern gerät ins Tönen und weiß wunderbar in ihren Zauber mitzureißen.«

Das sind nur zwei Stimmen aus dem großen Chor der Salzburg-Verehrer, die die Schönheit der Stadt als »deutsches Rom«, als Gesamtkunstwerk aus rauher alpiner Naturkulisse, prächtig trotzigen Kirchenbauten, getaucht in warme Pastelltöne, oder als eine kostbare Inszenierung besungen haben. Wie ein roter Faden zieht sich durch das Lob auf Salzburg der Gedanke, daß eine solch herrlich gelegene Stadt mit ihren architektonischen Meisterwerken Formen der Kunst geradezu heraufbeschwört. »Es ist kein Wunder, daß die größten, die besten Künstler unserer Zeit sich hier beschwingter fühlen ... (und) daß hier die größten Sänger ihre Stimmen lieber und voller erheben als sonst«, meinte Stefan Zweig und fuhr fort: »An solch seltenen Tagen, wo Himmel und Landschaft und die erlesensten Künstler... zusammenwirken ..., ist diese jahrtausendalte kleine österreichische Stadt ... wahrhaftig würdig, die Stadt Wolfgang Amadeus Mozarts zu heißen.«

Mozart gilt als Inkarnation des immanent Musikalischen dieser Stadt, sein Genius überragt gleichsam alles. Sein Werk krönt eine eindrucksvolle Salzburger Musiktradition, die im Mittelalter begann und im Barock mit Komponisten wie Heinrich Ignaz Franz Biber und Georg Muffat einen ersten Höhepunkt feierte. Die Entwicklung der Künste in dieser Stadt haben ganz entscheidend die Erzbischöfe gefördert, ohne ihren Kunstsinn wäre Salzburg nicht eine heitere Stadt der Kirchen oder, wie Hermann Bahr es ausdrückte, »ein bewaffnetes Gloria« geworden. Abseits der Weltgeschichte verwandelten sie die mittelalterliche Stadt seit der Renaissance in eine extravagante Residenz mit italienischen Palästen, Wasserspielen, großzügigen Plätzen und idyllischen Gärten. Sie liebten Musik und Prachtentfaltung und holten führende Künstler der Zeit aus Italien an die Salzach. Es paßt gut zu dieser mäzenatischen Repräsentationslust, daß 1618 im Garten von Schloß Hellbrunn erstmals eine Oper nördlich der Alpen aufgeführt wurde. Nicht immer aber war das Verhältnis zwischen Künstlern und ihren geistlichen Auftraggebern ungetrübt: Außer Mozart wandten auch Muffat oder Carl Maria von Weber der Stadt enttäuscht den Rücken. Die Säkularisation 1803 setzte der Macht, Prunkliebe und den Vergnügungen des erzbischöflichen Hofs ein Ende. Das kulturelle Leben erlosch weitgehend, und Salzburg wurde provinziell. Aber gerade der verschlafen-pittoresken Stadt konnten Romantiker wie Franz Schubert, Adrian Ludwig Richter oder die Brüder Humboldt, die auf ihren Bildungsreisen nach Italien hier eine Rast einlegten, einen besonderen Reiz abgewinnen. Als die Salzburger Mitte des 19. Jahrhunderts Mozart wiederentdeckten, begannen die Bemühungen, den verstoßenen Sohn mit Mozart-Festen, -Vereinen und Stiftungen in die Stadt zurückzuholen. Die zahlreichen Aktivitäten führten letztendlich 1920 zur Gründung der Festspiele. Die Idee, dem vom Krieg erschütterten Europa eine neue geistige Mitte zu geben und im Geiste Mozarts in einer politisch unvorbelasteten Stadt friedenstiftende Festspiele zu veranstalten, führte die Gründungsväter Max Reinhardt, Hugo von Hofmannsthal und Richard Strauss zusammen. Allerdings wich der ursprüngliche idealistische Ansatz schon bald pragmatischen und kommerziellen Überlegungen. Die Festspiele wurden zu einem Forum weltberühmter Dirigenten wie Bruno Walter, Arturo Toscanini, Karl Böhm, Wilhelm Furtwängler oder Herbert von Karajan und ziehen seither fast alle Sängerinnen und Sänger und Schauspielerinnen und Schauspieler, die in der Welt Rang und Namen haben, an.

Daneben gab es aber schon immer eine Reihe von Künstlern, die unabhängig vom Festspieltrubel von der Stadt fasziniert waren und diese, wie etwa Hermann Bahr oder Stefan Zweig, zu ihrer Wahlheimat machten. So mancher gebürtige Salzburger wie der Historienmaler Hans Makart oder der expressionistische Visionär Georg Trakl hatten hingegen ein gespaltenes Verhältnis zur Stadt. Das gilt auch für Persönlichkeiten wie Alfred Kubin oder Thomas Bernhard, die einen Teil ihrer Jugend in Salzburg verbrachten.

Die Vielfalt und Geschichte dieser Stadt spiegeln sich in den Biographien der Musiker, Schauspieler, Maler, Schriftsteller, Gelehrten und Lebenskünstler wider, deren Wohn- und Wirkstätten wir auf den folgenden sechs Spaziergängen besuchen werden. Dabei ergibt sich ein buntes Panorama, das ebenso von den »Durchzüglern und Paradiesvögeln«, die Salzburg zur Festspielzeit bevölkern, geprägt ist wie von den »Standnistern oder Bodenbrütern«, wie Carl Zuckmayer die Künstler der Stadt klassifizierte. Die Spaziergänge führen durch die touristische Altstadt und in entlegene Viertel, auf den Mönchs- und den Kapuzinerberg, an den Ufern der Salzach entlang, über Friedhöfe, in Kirchen und durch Gärten. Sie dauern

Wolfgang Amadeus Mozart am Klavier.
Unvollendetes Ölbild von Joseph Lange, 1789

zwischen zwei und drei Stunden. Die Routen vermitteln anschaulich, was schon Hofmannsthal mit den Worten beschrieb: »... die Landschaft spielt hier der Architektur entgegen, die Architektur hat sich so leidenschaftlich theatralisch der Landschaft bemächtigt, daß die beiden Elemente zu trennen undenkbar wäre.«

Blick von den Bastionen der Hohensalzburg auf die Stadt

Erster Spaziergang
»Wo das Auge überall, wohin es blickt, beglückt wird«
Von Platz zu Platz

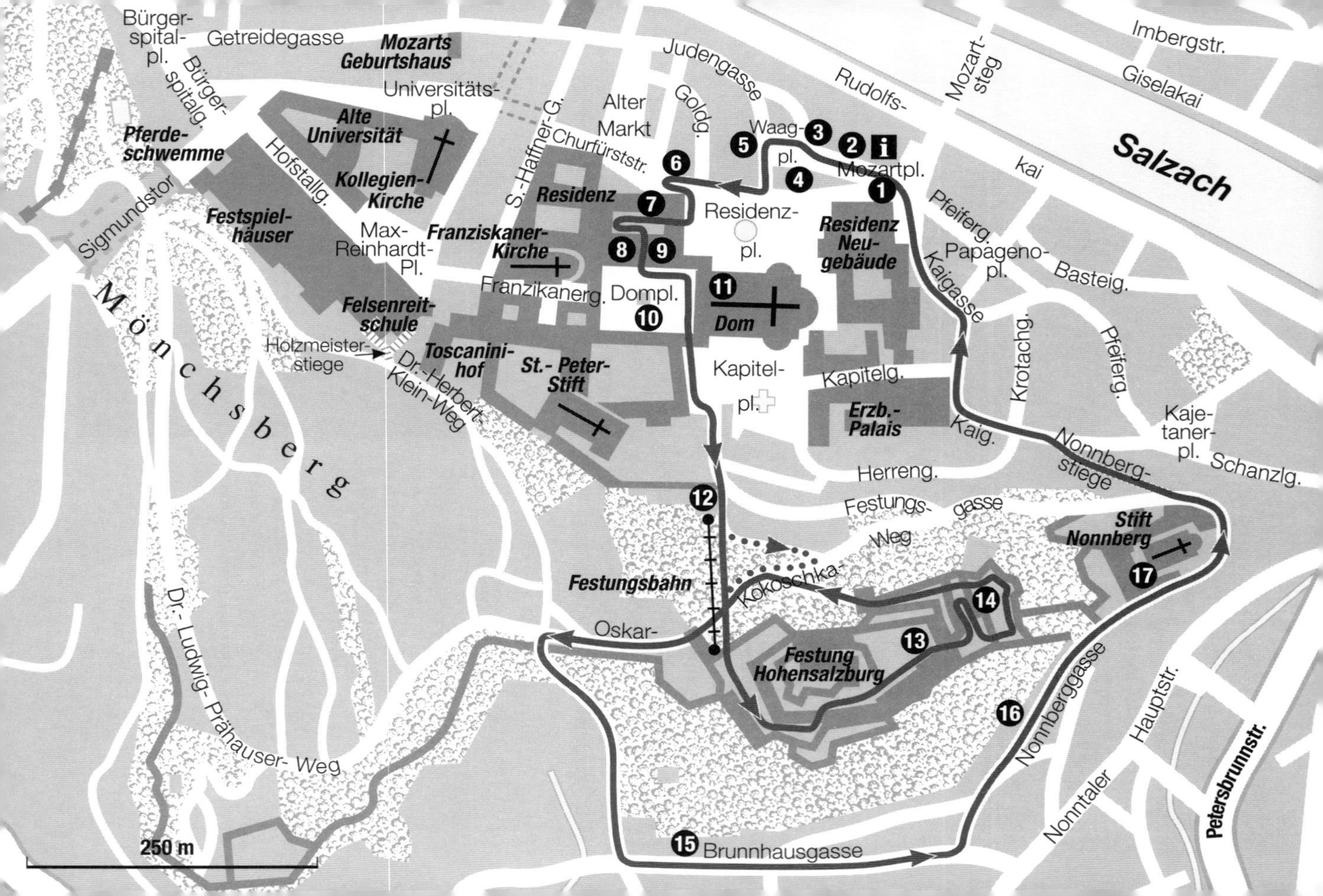
Bürger-spital-pl.
Getreidegasse
Mozarts Geburtshaus
Judengasse
Rudolfs-
Mozart-steg
Imbergstr.
Giselakai
Bürger-spitalg.
Universitäts-pl.
Alte Universität
Kollegien-Kirche
Pferde-schwemme
Hofstallg.
S.-Haffner-G.
Alter Markt
Goldg.
Waag-pl.
Churfürststr.
Mozartpl.
kai
Salzach
Sigmundstor
Festspiel-häuser
Max-Reinhardt-Pl.
Franziskaner-Kirche
Residenz
Residenz-pl.
Residenz Neu-gebäude
Pfeiferg.
Papageno-pl.
Basteig.
Kaigasse
Franzikanerg.
Dompl.
Dom
Mönchsberg
Felsenreit-schule
Holzmeister-stiege
Dr.-Herbert-Klein-Weg
Toscanini-hof
St.-Peter-Stift
Kapitel-pl.
Kapitelg.
Erzb.-Palais
Krotachg.
Pfeiferg.
Kaig.
Kajetaner-pl.
Schanzlg.
Nonnberg-stiege
Herreng.
Festungs-gasse
Stift Nonnberg
Kokoschka-Weg
Festungsbahn
Oskar-
Festung Hohensalzburg
Dr.-Ludwig-Prähauser-Weg
Nonnberggasse
Nonntaler Hauptstr.
Petersbrunnstr.
Brunnhausgasse
250 m
1
2
3
4
5
6
7
8
9
10
11
12
13
14
15
16
17
i

Der Spaziergang beginnt und endet am Mozartplatz, am Denkmal des Komponisten. Der Weg führt über Waagplatz, Residenz- und Domplatz bis hinauf zur Hohensalzburg. An der alten Festungsbahn entlang geht es über den Mönchsberg wieder hinab in die Altstadt. Auf dem Spaziergang kommen Sie zum Geburtshaus von Georg Trakl und zum Aufführungsort des Jedermann. *Außerdem werden Sie mit Zeitgenossen Mozarts sowie mit bedeutenden Vertreterinnen und Vertretern von Malerei, Literatur und Architektur bekannt gemacht.*

Das Mozartdenkmal

❶ Mozartdenkmal
Mozartplatz

Das Denkmal des Münchner Künstlers Ludwig Schwanthaler wurde 1842 in Anwesenheit der beiden Söhne Mozarts, Carl Thomas und Franz Xaver Wolfgang, enthüllt. Den Blick der Erde entrückt, Notenblatt und Federkiel in den Händen, ist Wolfgang Amadeus Mozart (vgl. S. 107 ff.) überlebensgroß mit den Zügen eines Genius dargestellt. Anläßlich der Denkmalenthüllung, dem ersten Höhepunkt in der Geschichte der Salzburger Mozart-Verklärung, schrieb Franz Grillparzer folgende hymnische Zeilen:

> Drum sind wir stolz, obgleich demütig auch:
> Denn hier ward er geboren, den wir feiern!
> …
> Von diesen Bergen zog der Gottesatem,
> Gewürzt mit Kräutern und mit Blumenduft,
> In seine jugendlich gehobene Brust.
> Darum ist er geworden auch wie sie,
> Wie diese Berge, seiner Wiege Hüter.

Grillparzer war der erste, der Mozarts Einzigartigkeit mit der außergewöhnlich schönen Salzburger Landschaft in Verbindung brachte. Seither wird gerne eine symbiotische Beziehung zwischen der einmaligen Lage der Stadt, dem Wesen des Komponisten und dessen Musik beschworen. »Wie manche Menschen überschwebt eben auch

Antretterhaus. Historische Aufnahme

manche Stätten der Genius der Musik«, schrieb Stefan Zweig in seinem Essay *Salzburg*. »... es ist wahrhaftig kein Zufall, daß gerade der heiterste, ... der beschwingteste aller Musiker hier geboren war.«
Mozart hätte sich über solche Gedankenspiele vermutlich amüsiert, denn ihm war seine Geburtsstadt verleidet. Ihn langweilten die Salzburger, mit seinem Brotherrn Erzbischof Hieronymus Graf Colloredo lag er in ständigem Streit. »Ich hoffe nicht«, schrieb er an seinen Vater, »daß es nötig ist zu sagen, daß mir an Salzburg sehr wenig und am Erzbischof gar nichts gelegen ist und ich auf beides sch...«
Sie wenden sich Richtung Zentrum und überqueren den Mozartplatz entlang der Ladenzeile rechter Hand. Wo der Mozart- in den Waagplatz übergeht, stoßen Sie auf einen Barockbau, das

❷ Antretterhaus
Mozartplatz 4

Im 18. Jahrhundert wohnte hier der Hofkriegsrat und Landschaftskanzler Johann Ernst von Antretter (1718–1791) mit Frau und Kindern, die, wie es damals zum guten Ton gehörte, eine fundierte musikalische Ausbildung erhielten. Leopold Mozart unterrichtete die Söhne, Mozarts Schwester Nannerl die Tochter, und auch der junge Mozart ging bei den Antretters ein und aus. Eine Finalmusik, die Mozart 1773 zum Abschluß des Studienjahres seines Jugendfreundes Thaddä Antretter und dessen Kommilitonen komponierte, kann als musikalisches Zeugnis dieser Freundschaft gelten.

Wenige Meter weiter finden Sie auf der rechten Seite des Waagplatzes das schmale Geburtshaus von Georg Trakl, das seit 1973 die Georg-Trakl-Forschungs- und Gedenkstätte beherbergt. Ein Durchgang führt auf den schönen Innenhof des Gebäudes.

❸ Geburtshaus von Georg Trakl Waagplatz 1A

»Der größte Sohn dieser Stadt war ein Musikgenie«, bemerkte die in Salzburg lebende Schriftstellerin Christine Haidegger. »Der zweitgrößte (war) ... vielleicht jener Lyriker, dessen Geburtshaus auch Einheimischen kaum bekannt ist... Das Haus steht zurückgesetzt. Trakl lebte so.« In der Tat suchte der junge Dichter (1887–1914) die Schatten und verborgenen Winkel Salzburgs. Aber unbemerkt blieb er nicht, wenn er mit rauschgiftverhangenen Augen durch die beschauliche Altstadt zu den Bordellen in der Juden- und Steingasse schlenderte oder sich in einer Kneipe betrank. Seine Gestalt war gedrungen und klein, sein Gesicht freudlos und derb. »Der Alkohol, die Rauschgifte, die Geißel des Geschlechts, der Wahnsinn verwüsteten ihn«, schrieb Walter Muschg. »Aus diesem Abgrund der Verworfenheit und der Sehnsucht nach dem Reinen steigt die monotone Musik seiner Lyrik.« Im Rausch träumte er sich fort aus einem »gottlosen verfluchten Jahrhundert« und schrieb Gedichte, in denen er seine Lebens- und Todesangst in einzigartigen Sprachbildern beschwor.

Am 3. Februar 1887 kam Georg Trakl im sog. Schaffnerhaus zur Welt. Der Vater war ein gut verdienender Kaufmann von heiterem Gemüt, während die Exzentrik der Mutter die Seele des Kindes verdüsterte. Als Erstkläßler war Trakl ein schüchterner Einzelgänger. Nach dem Wechsel von der katholischen Übungsschule am Universitätsplatz auf das Staatsgymnasium, das in den Räumen der Alten Universität untergebracht war, entwickelte sich der zurückhaltende Junge zu einem aufsässigen, schlechten Schüler, der es in Deutsch gerade mal zu einem

Der Hof von Trakls Geburtshaus vor der Renovierung. Die Wohnung der Familie lag im ersten Stock.

Georg Trakl, 1901

»Genügend« brachte. Mißtrauisch beobachteten die Mitschüler den Kaufmannssohn, der sich mondän kleidete und mit seiner Arroganz die Lehrer zur Weißglut brachte.

Um den Rebell versammelten sich Gleichgesinnte, mit denen er sich zu dem literarischen Zirkel *Apollo* zusammenschloß. Hier stellte Trakl seine ersten literarischen Versuche vor, eine oft »schwüle Angelegenheit«, voll von »Brunst und Kasteiung«, wie ein *Apollo*-Bruder meinte. Der noch nicht 18jährige hatte die Einsicht gewonnen, die Welt sei verdammt und zerfallen, das Leben von Fäulnis zerfressen. Frustriert und lebensüberdrüssig betäubte er sich zum Entsetzen seiner Familie mit Chloroform. Der Skandal war perfekt, als er 1905 die Schule abbrach, weil er die Septima nicht geschafft hatte, und eine Apothekerausbildung begann.

Damals ermunterte ihn der Dramatiker Gustav Streicher, Dramen zu schreiben, und vermittelte 1906 zwei seiner Stücke an das Salzburger Stadttheater. Als sie durchfielen, zerstörte Trakl, in seinem Selbstvertrauen erschüttert, die Manuskripte. Doch er hatte das Glück, daß es immer wieder Menschen gab, die an sein Talent glaubten.

Einer von ihnen war sein Jugendfreund Erhard Buschbeck, der ihm Kontakte zu Künstlern der Avantgarde und Journalisten in Wien vermittelte. Nach Abschluß der Apothekerausbildung hatte Trakl 1908 Salzburg verlassen, um in Wien Pharmazie zu studieren. Bis 1914 pendelte der innerlich von einem »namlosen Unglück« Getriebene zwischen Wien, dem Salzburger Elternhaus und Innsbruck hin und her, wo er in dem Herausgeber der expressionistischen Zeitschrift *Der Brenner,* Ludwig von Ficker, einen väterlichen Freund und Förderer fand. Trotz des Beistands der Freunde verschlimmerten sich seine Alkohol- und Drogenexzesse. »Vorgestern habe ich 10 (sage zehn) Viertel Roten getrunken. Um vier Uhr morgens habe ich auf meinem Balkon ein Mond- und Frostbad genommen und am Morgen ein herrliches Gedicht geschrieben, das vor Kälte schebbert.« Im Zustand »rasender Betrunkenheit und verbrecherischer Melancholie« verfaßte er seine Gedichte, von denen einige 1913 im Kurt-Wolff-Verlag erschienen.

Körperlich am Ende, meldete er sich bei Kriegsausbruch zum Militärdienst und kam als Sanitäter nach Krakau. Dort nahm sich der seit seiner Jugend Selbstmordgefährdete am 2. November 1914 mit einer Überdosis Kokain das Leben.

Auf der gegenüberliegenden Seite sehen Sie das Café Glockenspiel.

❹ Wohnhaus der Familie Trakl Waagplatz 3 heute Café Glockenspiel Handlungsort von Erich Kästners *Der kleine Grenzverkehr*

1893 eröffnete Tobias Trakl in diesem Haus eine Eisenwarenhandlung und zog mit der Familie in die Etage über den Verkaufsräumen. Seine jüngste Tochter Margarethe (1892–1917) war damals gerade zur Welt gekommen.

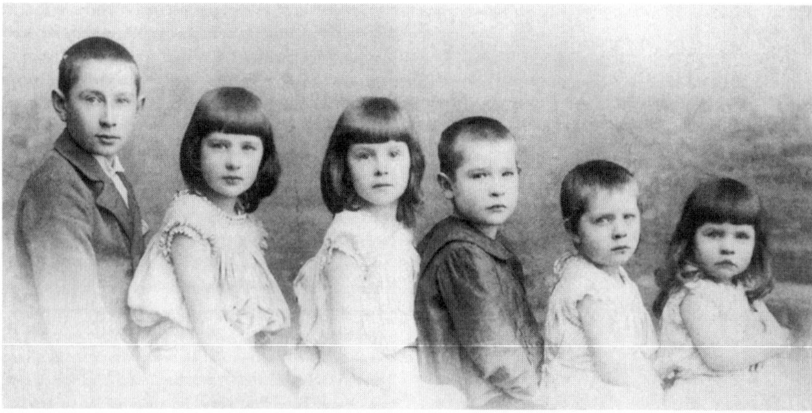

Georg Trakl (3. von re.) und Margarethe Trakl (1. von re.) mit ihren vier Geschwistern

Ihrem älteren Bruder Georg ähnelte sie in vielem, hatte dessen derbes Gesicht, war leidenschaftlich, unbezähmbar und außergewöhnlich musikalisch. Als Pianistin und Komponistin blieb ihr der Erfolg in ihrem kurzen Leben jedoch verwehrt.
Seit ihrer Jugend verband sie mit ihrem Bruder Georg eine inzestuöse Beziehung, die beide tief verstörte. Die *Blutschande*, wie Trakl eines seiner Gedichte überschrieb, lastete wie ein Fluch auf den Geschwistern, doch konnten sie nicht voneinander lassen. Voller Wehmut heißt es in Trakls Gedicht *An meine Schwester*:

Wo du gehst wird Herbst und Abend,
Blaues Wild, das unter Bäumen tönt,
Einsamer Weiher am Abend.

Leise der Flug der Vögel tönt,
Die Schwermut über deinen Augenbogen.
Dein schmales Lächeln tönt.

Gretl Trakl, 1912

Gott hat deine Lider verbogen,
Sterne suchen nachts, Karfreitag-
kind,
Deinen Stirnenbogen.

Als Trakl seine Schwester auch noch zum Rauschgift verführte, von dem übrigens beide zeitlebens nicht mehr loskamen, wuchs aus der Tiefe quälenden Schuldgefühls sein Selbstekel und sein Haß auf die eigene Familie. »Aus blauem Spiegel trat die schmale Gestalt der Schwester und er stürzte wie tot ins Dunkel. ... O des verfluchten Geschlechts. Wenn in befleckten Zimmern jegliches Schicksal vollendet ist, tritt mit modernden Schritten der Tod in das Haus«, schrieb er in *Traum und Umnachtung* über sein Elternhaus.

Gretl Trakl versuchte mehrmals, aus der Beziehung auszubrechen, die sie zunehmend als eine geistige und sexuelle Hörigkeit empfand. 20jährig heiratete sie einen Berliner Buchhändler, von dem sie sich jedoch bald wieder trennte. Den Tod ihres Bruders verwand sie nicht. Von Drogen zerstört und ohne inneren Halt, erschoß sie sich, gerade 25jährig, am 21. September 1917. »So lange sie lebten, hatten Bruder und Schwester zerbrochene Schwerter im Herzen«, urteilte Trakls Freund Ludwig von Ficker später über das unglückliche Geschwisterpaar.

Eine ganz andere Liebesbeziehung läßt **Erich Kästner** in seiner Erzählung *Der kleine Grenzverkehr* im Café Glockenspiel beginnen. Kästner hatte 1937 die Salzburger Festspiele besucht

Die Eisenwarenhandlung Trakl mit Wohnhaus am Mozartplatz

Umschlag von Walter Trier, 1949

und unter diesem Eindruck die kleine Satire geschrieben. Zu Beginn der Geschichte sitzt der lebensuntüchtige Georg Rentmeister ohne Geld in diesem Café und wartet auf seinen Freund Karl. Da dieser nicht kommt, muß Georg einen Gast bitten, ihm aus seiner Verlegenheit zu helfen. »Und da sah ich sie! Sie heißt Konstanze. Kastanienbraunes Haar hat sie und blaue Augen – aber auch wenns umgedreht wäre, bliebe sie vollkommen.« Damit beginnt eine Liebesgeschichte und turbulente Verwechslungskomödie, in der Kästner liebevoll und mit viel Situationskomik Salzburg zur Festspielzeit verewigt hat.

Am Kopf des Waagplatzes geht rechts die Judengasse ab. Am Übergang steht ein Haus ohne Nummer, das

❺ Wohnhaus von Barbara Krafft Waagplatz 6

Die Porträtmalerin Barbara Krafft (1764–1825), Tochter eines mährischen Kammermalers, kam 1804 nach Salzburg und erregte durch ihre »dreiste Manier, sowie man dieses nie von einem Frauenzimmer gesehen«, Aufsehen. Der höfische Adel und die kunstliebenden Bürger, unter ihnen Mozarts Schwester, bestellten Porträts bei ihr, in denen sie mit leichter Hand die natürliche Gestik und Mimik der Dargestellten einfing. 1821 zog sie nach Bamberg, wo sie vier Jahre später starb.

Barbara Krafft, Selbstbildnis (?)

Sie wenden sich nach links und kommen durch eine kleine Gasse auf den weiträumigen Residenzplatz. Links finden Sie das Neugebäude der Residenz mit dem stadtbekannten Glockenspiel, für das Heinrich Ignaz Franz Biber, Leopold Mozart und Michael Haydn Stücke komponierten. Sie halten sich rechts, kommen an der Goldgasse vorbei und zur Buch- und Musikalienhandlung M. Mora. Eine Gedenktafel erinnert an das

❻ Wohnhaus von Johann Michael Rottmayr Residenzplatz 2

Johann Michael Rottmayr, Selbstbildnis, um 1710

Johann Michael Rottmayr (1654–1730), der bedeutendste österreichische Maler des Spätbarocks, wäre wohl nie nach Salzburg gekommen, hätte Erzbischof Johann Ernst Graf Thun nicht mit der Tradition seiner Vorgänger gebrochen, Salzburg durch italienische Baumeister, Maler und Handwerker in ein Rom nördlich der Alpen zu verwandeln. Aus Abneigung gegen alles »Welsche« berief er deutsche Künstler wie den Maler Johann Michael Rottmayr oder den Architekten Johann Bernhard Fischer von Erlach.

Rottmayr entstammte einer oberbayerischen Künstlerfamilie. Bei der Mutter, die Holzfässer mit ländlich-pastoralen Szenen bemalte, erhielt er den ersten Unterricht. Noch nicht 20jährig übernahm er den Auftrag, für die Wallfahrtskirche Maria Bühel *Die Vierzehn Nothelfer* zu malen. Wie viele große Maler zog es ihn über die Alpen ins Land Michelangelos, Raffaels, Tizians und Caravaggios. Er ging nach Venedig, wo er 13 Jahre in der Werkstatt Carl Loths arbeitete. Als er 1688 nach Deutschland zurückkehrte, beherrschte er die Illusionsmalerei und die venezianische Farbpalette mit ihren lichten Gelb- und Orangetönen und den leuchtenden Blau- und Rottönen perfekt, war ein beachtlicher Zeichner und verstand sich auf mythologische Szenen und christliche Motive ebenso wie auf die Porträtmalerei.

Seine ersten Auftraggeber wurden die Franziskaner und der Erzbischof in Salzburg, für die er sieben Jahre arbeitete. Er malte die Decke des Carabinierisaals mit einem Vier-Elemente-Programm aus und schuf für die Franziskaner Szenen aus dem Leben des heiligen Franziskus. Von Kaiser

Leopold I. zum Hofmaler ernannt, verließ er 1696 Salzburg, zog nach Wien und reiste die nächsten 25 Jahre von einer bedeutenden Baustelle zur nächsten. Sein berühmtestes Werk ist in Melk zu besichtigen, wo er die Deckenfresken für das Benediktinerkloster schuf. Aus dem kleinen Dorfmaler war ein geachteter Künstler geworden, dem der Kaiser 1704 den Adelstitel Freiherr Rottmayr zu Rosenbrunn verlieh.

Rottmayr blieb Salzburg weiterhin verbunden. 1697 malte er die Dreifaltigkeitskirche Fischer von Erlachs aus, 1710 brachte er Szenen aus dem Heldenleben Alexanders des Großen an die Decken der Neuen Residenz, 1721/22 gestaltete er die Decken der Querhausaltäre der Kollegienkirche. Rottmayr ist es gelungen, die deutsche Barockmalerei, die durch die Folgen des Dreißigjährigen Krieges bedeutungslos geworden war, wieder zu europäischer Geltung zu bringen.

Auf der gegenüberliegenden Seite verläuft die wuchtige Mauer der Residenz, die 1120–1800 Sitz der Erzbischöfe war. Der Eingang befindet sich auf dem Residenzplatz. Durch eine Toreinfahrt betreten Sie einen Innenhof. Am rechten Seitentrakt erinnert eine Gedenktafel an den

❼ Geburtsort von Hans Makart
Residenzgebäude
Stiege 4

Der Maler Hans Makart (1840–1884), Kultfigur der Belle Époque, der dem gründerzeitlichen Geschmack mit seinen monumentalen Bilderspektakeln huldigte, kam 1840 in den Be-

Hans Makart

dienstetenräumen der Residenz zur Welt. Nachdem der Vater, ein Hofbeamter, 1849 gestorben war, wuchs das Kind in bescheidenen Verhältnissen bei der Mutter und unter der Obhut seines Onkels Johann Rüssemayer auf. Dieser besaß eine künstlerische Ader und förderte seinen Neffen nachhaltig. Der Zeichenlehrer Josef Mayburger wurde auf ihn aufmerksam und nahm den gerade Elfjährigen in einen Künstlerzirkel um den Landschaftsmaler Johann Fischbach auf. Natürlich sprach es sich in dem Provinznest Salzburg herum, daß in dem jungen Makart ein Genie stecke. Als der Erzbischof davon erfuhr, schickte er sein Landeskind 1858 auf die Wiener Akademie. Doch bereits nach wenigen Monaten kehrte Makart zurück, weil der Akademiedirektor ihn für »gänzlich untalentiert« hielt. Seinem Onkel, dem Maler Jost Schiffmann, ist es zu verdanken, daß dieser die künstlerischen Stärken seines Neffen, vor allem dessen außergewöhnliches Farbempfinden, aufspürte. 1861 wurde Makart von dem Maler Karl Theodor Piloty als Schüler aufgenommen und erhielt in dessen Münchner Atelier an der Seite von Franz Lenbach eine technisch fundierte Ausbildung. Kaum daß er die Bühne der internationalen Kunstszene betrat, machte er auf sich aufmerksam, als er mit dem Bild *Pest in Florenz* einen Skandal auslöste. Über Nacht wurde er berühmt. 1869 holte ihn der Kaiser nach Wien, wo sich kometengleich sein Aufstieg zur tonangebenden künstlerischen Autorität vollzog. Makarts Atelierfeste waren jahrelang gesellschaftliche Ereignisse ersten Ranges. Der Künstler konnte sich vor Aufträgen kaum retten und schuf unermüdlich immer prunkvollere, nicht selten laszive, oft rauschhaft orgiastische Bildwelten. Einen persönlichen Triumph genoß er 1879, als er zum Professor der Wiener Akademie berufen wurde und anläßlich der Silberhochzeit des Kaiserpaars einen Huldigungsfestzug arrangierte. Wenige Tage später wurde ihm in Salzburg die große Ehre zuteil, daß der Ballhausplatz in Makartplatz umbenannt wurde. Als sein Stern am höchsten stand, beendete eine Nervenkrankheit seine Karriere. Der große Magier der Farbe starb 1884 in geistiger Verwirrung. Einige seiner Bilder sind in der Residenzgalerie und im Salzburger Museum Carolino Augusteum zu sehen.

Sie überqueren den Hof und finden in der linken Ecke den Eingang zu den Repräsentationsräumen und zur Residenzgalerie. Über eine breite Treppe gelangen Sie rechts in den mit Deckenfresken Johann Michael Rottmayrs ausgemalten

❽ Carabinierisaal der Residenz

Hier wurde im Mai 1772 die Serenata dramatica *Il Sogno di Scipione* von Wolfgang Amadeus Mozart aufgeführt, die er anläßlich der Amtseinführung von **Erzbischof Hieronymus Graf Colloredo** (1732–1812) komponiert hatte. Zu dieser Zeit war das Dienstverhältnis zwischen dem 16jährigen Komponisten und dem Erzbischof noch ungetrübt.

Colloredo war ein nüchterner, strenger und ungeliebter Kirchenfürst, auf dessen Schreibtisch eine Büste von Voltaire stand. Anders als seine Vorgänger hielt er nichts von barocker Prachtentfaltung, sondern führte das Bistum mit seiner Sparsamkeit zu einer wirtschaftlichen Blüte. Die Besetzung Salzburgs durch napoleonische Truppen, seine Flucht nach Wien 1800 und die Säkularisation drei Jahre später setzten seiner der Aufklärung verpflichteten Politik ein frühzeitiges Ende.

Seine Person wäre von lokalgeschichtlicher Bedeutung geblieben, hätte er

Hieronymus Graf Colloredo, Erzbischof von Salzburg.
Anonymes Ölbild

nicht den Fehler begangen, den begabten Wolfgang Amadeus Mozart wie einen Diener zu behandeln. Der trockene Staatsmann konnte nicht anders. Es hätte gegen seine landesherrlichen Prinzipien verstoßen, dem selbstbewußten Musiker Freiheiten einzuräumen, die er keinem seiner Bediensteten zugestand. Musik war für ihn »ein Gegenstand der Leistung«, und er reagierte spöttisch, wenn Mozart sein »von Gott erhaltenes Talent« anführte, um die Erlaubnis für eine Reise zu erbitten. Aus der Sicht des Erzbischofs hatte es Mozart in seinen Diensten gut. Im Sommer 1772 war er zum zweiten Konzertmeister ernannt worden und erhielt ein Jahresgehalt von 150 Gulden. Monatelang war er außer Landes, 1777 blieb er gar über ein Jahr Salzburg fern. Als er von dieser Reise zurückkam, erhielt er die Stelle des Domorganisten und das Dreifache seines früheren Gehalts. Doch der freiheitsdurstige Mozart empfand den erzbischöflichen Dienst als Zwang. Colloredo müsse ihm zugestehen, daß er alle zwei Jahre eine Reise machen könne, denn »ein Mensch von superieuren Talent / welches ich mir selbst, ohne gottlos zu seyn, nicht absprechen kan / wird – schlecht, wenn er immer in den nemlichen ort bleibt«.

Als er 1780 einen Aufenthalt in München über die Maßen in die Länge zog, reichte es dem Erzbischof. Gereizt befahl er Mozart im März 1781 nach Wien. Dort eskalierte der Konflikt, als Colloredo dem Komponisten ein Konzert untersagte und den eben in München gefeierten Künstler zum Essen an den Gesindetisch zitierte. Mozart reichte empört sein Abschiedsgesuch ein, der Erzbischof tobte, nannte ihn »buben, ... liederlichster bursch, den er kenne ..., einen lumpen, lausbub, einen fexen« und setzte den Beschimpften schließlich mit einem »tritt im arsch« vom erzbischöflichen Obristküchenmeister Graf Arco vor die Tür. Trotz der Erniedrigung war Mozart glücklich. An den Vater schrieb er, er bitte ihn »munter zu seyn, denn izt fängt mein glück an«.

Vom Carabinierisaal kommen Sie in den

❾ Rittersaal der Residenz

Im März 1767 wurde hier *Die Schuldigkeit des ersten Gebots* aufgeführt, ein Oratorium in drei Teilen, von dem der elfjährige Mozart den ersten Teil, Michael Haydn den zweiten und der Domorganist Anton Cajetan Adlgasser den dritten Teil komponiert hatte. Um die Entstehung dieses Werks rankt sich eine hübsche Geschichte. Fürsterzbischof Siegmund Christoph Graf Schrattenbach soll, die phänomenalen Fähigkeiten des Wunderkinds Mozart anzweifelnd, diesen kurzerhand in eine Kammer in der Residenz eingesperrt haben, um ihn einer Prüfung zu unterziehen. Lakaien brachten Mozart Notenpapier, Tinte und eine Schreibfeder sowie den Text *Die Schuldigkeit des ersten Gebots*, den das Kind vertonen sollte. Gleichzeitig soll der Erzbischof dem 19 Jahre älteren Michael Haydn und dem 27 Jahre älteren Domorganisten Anton Cajetan Adlgasser dieselbe Vorlage zuge-

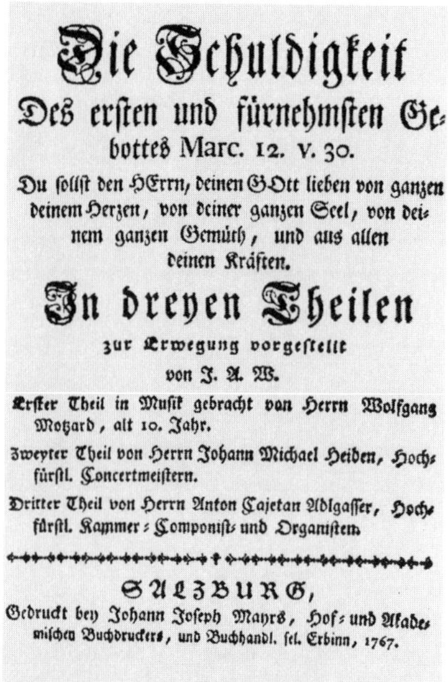

Die Schuldigkeit
Des ersten und fürnehmsten Ge-
bottes Marc. 12. v. 30.
Du sollst den HErrn, deinen GOtt lieben von ganzen deinem Herzen, von deiner ganzen Seel, von deinem ganzen Gemüth, und aus allen deinen Kräften.
In dreyen Theilen
zur Erwegung vorgestellt
von J. A. W.
Erster Theil in Musik gebracht von Herrn Wolfgang Mozard, alt 10. Jahr.
Zweyter Theil von Herrn Johann Michael Heiden, Hochfürstl. Concertmeistern.
Dritter Theil von Herrn Anton Cajetan Adlgasser, Hochfürstl. Kammer-Componist und Organisten.
SALZBURG,
Gedruckt bey Johann Joseph Mayrs, Hof- und Akademischen Buchdruckers, und Buchhandl. sel. Erbinn, 1767.

***Die Schuldigkeit des ersten Gebotes*,**
Titelblatt zum Textbuch, 1767

schickt haben. Ein Komponisten-Wettstreit entbrannte. Fünf Tage habe Mozart in der Kammer zugebracht und komponiert. Das Ergebnis fand beim Erzbischof stürmischen Beifall, und Mozart erhielt aus seiner Privatschatulle eine goldene Medaille.

Nach dem Besuch der Repräsentationsräume verlassen Sie die Residenz durch ein Tor im rechten Seitentrakt und betreten den

⑩ Domplatz
Ort des *Jedermann*

Am 22. August 1920 wurden auf einer Freilichtbühne vor dem Dom die Salzburger Festspiele mit dem mittelalterlichen Mysterienspiel *Jedermann* in der Bearbeitung von Hugo von Hofmannsthal unter der Regie von Max Reinhardt eröffnet. »Jeder Platz, jede Straße hier scheint von vornherein zum Schauplatz eines Spiels geschaffen zu sein«, schrieb der künstlerische Initiator der Festspiele, Max Reinhardt. Er war überzeugt, daß »hier, ... wo eine ganze Stadt Schönheit als innerstes Wesen offenbart, ... der richtige Ort (sei), Festspiele zu feiern«. Für die Aufführung hatte er berühmte Darsteller gewonnen wie Werner Krauß, Alexander Moissi, Frieda Richard, Heinrich George, Helene Thimig und Hedwig Bleibtreu. Sie spielten ohne Gage vor einem nachkriegsgeprüften Publikum. Nur Krauß verlangte als Honorar eine Lederhose. Es wurde eine legendäre Aufführung. Als um fünf Uhr nachmittags der Herold das »geistlich Spiel« ankündigte, braute sich im Westen ein Unwetter zusammen, und schwere Wolken verdunkelten den Domplatz. »Plötzlich aber, als Moissi-Jedermann das Vaterunser sprach, brach die Sonne mit zarter Abendmilde durch die schwarzen Wolken«, erinnerte sich der Komponist und Dirigent Bernhard Paumgartner. »Die Krone der Domfassade, die Türme erstrahlten in verklärtem Licht.«

Im Mittelpunkt der ersten *Jedermann*-Aufführung stand der Schauspieler **Alexander Moissi** (1880–1935). Klein und schmächtig, mit einem italienischen Akzent, war er alles andere als der heroische Bühnenstar, den das Publikum der Jahrhundertwende liebte. Ohne ein Wort Deutsch zu können, war der 18jährige Triestiner nach Wien gekommen und hatte – von Josef Kainz gefördert – in Wien und Prag erste Theatererfahrungen gesammelt. 1903 ging er nach Berlin, um bei Reinhardt vorzusprechen. Dieser war von Moissis Talent hingerissen und verpflichtete den Schauspieler sofort. Später schrieb Moissi dankbar: »Ist der liebe Gott einem Schauspieler ganz besonders gewogen, so schickt er ihn zu Max Reinhardt (mich hat er so lieb gehabt).«

Dem lange heftig Kritisierten gelang nun der künstlerische Durchbruch. Er wurde begeistert als »Mozart des gesprochenen Wortes« gefeiert. »Musik ist in Alexander Moissi, seine Sprache singt, in seinen Augen sirrt es, sein Körper tönt ... (Er ist) der bezauberndste Singspieler deutscher Zunge«, schwärmte der Schriftsteller Klabund. Moissi hatte einem neuen Typus zum Erfolg verholfen: dem impressionistischen Protagonisten.

Ob er den König oder den Bettler spielte, seine faszinierende Stimme, seine anmutigen Bewegungen und seine Mimik bannten das Publikum. Unvergleichlich aber blieb sein Auftritt als erster *Jedermann*. Die Theaterkritikerin Bertha Zuckerkandl beschrieb, wie eine in der ersten Reihe sitzende, mit einem Lodenmantel verhüllte Person mit einem Satz auf die Bühne sprang: »Es war Moissi... Und wie er hin und herschreitend zu sprechen an-

Alexander Moissi als *Jedermann*, 1920

Szene aus Hugo von Hofmannsthals *Jedermann* vor dem Salzburger Dom, 1920

fing, das rhythmische Gefühl, mit dem er die Verse zitierte, das leitete die Jedermann-Legende einzigartig ein. Es herrschte tiefe Andacht.«
Die *Jedermann*-Vorstellungen auf dem Domplatz wurden zum festen Bestandteil der Salzburger Festspiele. Sie haben nach 80 Jahren etwas Nostalgisch-Unzeitgemäßes bekommen, sind »Kunstgewerbe«, wie ein Kritiker befand, doch gehören sie vor der reizvollen Kulisse nach wie vor zu den Festspiel-Attraktionen.
Sie überqueren den Platz und betreten den

⓫ Dom

Nachdem der romanische Dom 1598 durch einen Brand zerstört worden war, wollte Erzbischof Wolf Dietrich von Raitenau nach Plänen des italienischen Architekten und Palladio-Schülers Vincenzo Scamozzi (1552–1616) eine Idealstadt mit einem an Größe und Kühnheit nahezu gotteslästerlichen Dom erbauen. Durch den Sturz des Erzbischofs kam es jedoch nicht zur Verwirklichung. Der Nachfolger Scamozzis, Santino Solari, errichtete statt dessen zwischen 1610 und 1628 einen wesentlich maßvolleren Bau nach dem Modell der Peterskirche in Rom. Er wurde 1628 mit einem Fest eingeweiht, wie es Salzburg bis dahin nicht gesehen hatte. Unter dem Lärm von Kanonendonner zog eine gewaltige Prozession durch die Straßen. Besonderes Aufsehen erregte eine Jesusfigur: Aus den fünf Wunden strömte Blut, das von Engeln mit Kelchen aufgefangen wurde. Die Salzbur-

Der Innenraum des Doms anläßlich der 1100-Jahr-Feier, 1682. Stich von Melchior Küsel, 1682

ger hatten schon damals Freude am Theatralischen.

Am 28. Januar 1756 wurde Mozart im Dom getauft, in dem bereits seine Eltern 1747 vor den Traualtar getreten waren. Als Hoforganist spielte der 23jährige die Domorgel, die mit ihren 120 Registern die zweitgrößte Österreichs ist. Mozart komponierte mehrere Messen und geistliche Musiken für den Dom, die noch heute gelegentlich gespielt werden. Wenn die Orgel dann gewaltig ertönt und die Fledermäuse, aus dem Schlaf gerissen, lautlos am Kuppelgewölbe flattern, sei an Erich Kästner erinnert, der schrieb: »Hier haben selbst die Mäuse Engelsflügel.«

Vor dem Dom wenden Sie sich nach links und betreten durch eine Arkadenhalle den Kapitelplatz. Auf der gegenüberliegenden Seite beginnt die Festungsgasse, die an der Friedhofsmauer von St. Peter entlang direkt auf die Talstation zum Haus Nr. 4 zuführt. Hier befand sich bis zum Ende des 19. Jahrhunderts das St.-Petrische Haus am Friedhof.

⑫ Wohnhaus von Michael Haydn Festungsgasse 4

Während Michael Haydn (1737–1806) heute an Ruhm weit von seinem fünf Jahre älteren Bruder Joseph übertroffen wird, verehrte das Publikum im 19. Jahrhundert den Kirchenmusiker als den »vielleicht größten Tonsetzer« seiner Zeit. Nach seiner musikalischen Ausbildung an der Kantorei von St. Stephan in Wien wurde der 20jährige vom Bischof von Großwardein als Kapellmeister angestellt. Von dort folgte Haydn 1763 einem Ruf als »Concert-Meister und Hof-Musicus« nach Salzburg, wo er ein Jahresgehalt von 300 Gulden und das Privileg erhielt, an der Offizierstafel zu speisen – eine Vergünstigung, die weder Leopold noch Wolfgang Amadeus Mozart je genossen haben. Neben seinen Aufgaben als Domorganist und Hofkomponist mußte Haydn die Kapellknaben, unter denen sich auch der junge Carl Maria von Weber befand, unterrichten.

Der gesellige, dem Wein und der Unterhaltung zugeneigte Musiker fühlte sich in Salzburg äußerst wohl. Er traf sich gerne mit Freunden im Peterskeller, sang im Quartett selbstkomponierte Tisch- und Trinklieder und liebte Landpartien. Seine Trinkfreudigkeit blieb einem Leopold Mozart nicht verborgen: »der ist ein theuerer Organist. nach jeder Lytaney sauft er ein Viertl Wein«, spottete er und prophezeite, Haydn werde sich »in wenigen Jahren die wassersucht an Hals sauffen«. Sein Sohn fand es zwar auch »eine Schande, wenn sich ein so geschickter Mann aus eigner schuld in unthätigkeit sezt«, hegte jedoch freundschaftliche Gefühle für Haydn. Großzügig half er diesem 1783 aus einer Notlage. Durch eine Krankheit geschwächt, fühlte Haydn sich außerstande, einige Auftragskompositionen für den ungeduldigen Erzbischof Hieronymus zu vollenden. Mozart schrieb schnell zwei Duette für Violine und Viola und überließ sie dem Freund.

Michael Haydn, Ölbild von Franz Xaver Hornöck

Ansonsten hatte Haydn, anders als Mozart, keine Schwierigkeiten mit dem Fürsterzbischof. Als dieser 1782 in einem Hirtenbrief forderte, die opernhafte Kirchenmusik durch deutsche Kirchenlieder zu ersetzen, überarbeitete Haydn den ersten Teil eines deutschen Gesangbuchs, das 1790 erschien. Zehn Jahre später brachte die napoleonische Besetzung einige Unruhe in das sonst so beschauliche Leben des Musikers. Bei ihren Plünderungen verschonten die französischen Truppen auch nicht das Wohnhaus Haydns, der sich nun stärker nach Wien orientierte. Von Kaiserin Maria Theresia war der Komponist »ganz bezaubert« und schwärmte in einem Brief an seine Frau, die Hofsängerin Maria Magdalena Lipp: »Eifer nicht! in meine gnädigste Kaiserinn bin ich ganz verliebt.« Als diese 1805 ein Requiem bei ihm bestellte, fürchtete der 68jährige, es nicht mehr vollenden zu können. Wirklich schloß er das Werk nicht mehr ab und starb am 10. August 1806. Franz Schubert besuchte 1825 sein Grabmonument in St. Peter und notierte innerlich bewegt: »Es wehe auf mich, dachte ich mir, dein ruhiger Geist, Du guter Haydn, ... (es) verehrt Dich doch gewiß Niemand auf Erden so innig als ich. Eine schwere Träne entfiel meinen Augen ...«

Wenige Meter weiter finden Sie den Eingang zur Festungsbahn, die Sie auf die Hohensalzburg bringt. Alternativ können Sie auch die Festungsgasse weitergehen, kommen an dem 1492 gegründeten Stiegl-Bräu-Keller vorbei und müssen sich bei nächster Gelegenheit scharf rechts halten. Der Oskar-Kokoschka-Weg zieht sich steil den Berg hinauf. Durch mehrere Torbögen und über eine Brücke gelangen Sie ins Innere der Festung. Wenn Sie mit der Bahn fahren, halten Sie sich oben rechts, um die innere Festungsanlage zu erreichen. Nach wenigen Metern steht rechts das Arbeits- oder Zeughaus.

⓭ Oskar Kokoschkas *Schule des Sehens* Hohensalzburg

Bis zum Ende des Zweiten Weltkriegs diente die Hohensalzburg militärischen Zwecken und war für die Öffentlichkeit nicht zugänglich. Doch schon kurz nach Kriegsende entdeckten der Salzburger Galerist Friedrich Welz (1903–1980) und der Maler Oskar Kokoschka (1886–1975) die leerstehenden Gebäude des sog. Arbeits- oder Zeughauses als ideale Werkstätten für Künstler.

Den ersten Anstoß gab Welz, als er 1950 den über 60jährigen Kokoschka nach Salzburg einlud und ihm vorschlug, gemeinsam eine Internationale Sommerakademie für Bildende Künste zu gründen. Kokoschka gefiel die Idee ebensogut wie die Stadt. Nach einigem Suchen hielten sie die Festung Hohensalzburg für besonders geeignet. Dank der positiven Stellungnahme der Landesregierung konnten die Pläne gegen den Widerstand der Stadt und gegen die Proteste etlicher Bürger verwirklicht werden. Allerdings stellten Bund und Land keine finanziellen Mittel zum Aufbau der Schule zur Verfügung, so daß Kokoschka in den USA Geld sammeln mußte.

Nach den schwierigen Vorverhandlungen konnte im Sommer 1953 der erste Kurs abgehalten werden. Da die endgültige Zusage spät gekommen war, mußte vieles improvisiert werden. Nur 44 Studenten hatten sich für die Kurse in Malerei, Bildhauerei und Architektur angemeldet. (Wenige Jah-

Oskar Kokoschka beim Unterricht in der *Schule des Sehens* auf der Festung Hohensalzburg

Oskar Kokoschka, *Salzburg, Altstadt*
(Ausschnitt)

re später waren es schon mehr als 300.) Welz hatte Staffeleien, Tische, Bänke und Betten besorgt, jeder, der Lust hatte, konnte mitmachen. So stand neben der jungen Kunststudentin aus Wien ein älterer Chirurgieprofessor, neben der gerade geschiedenen Lehrerin aus Amsterdam eine Klosterschwester. Zwischen ihnen lief Oskar Kokoschka voll sprudelnder Energie im Tweedrock umher. »Es muß eine Freude und Fröhlichkeit in eurer Arbeit sein«, feuerte er seine Schüler an. »Es muß euch zu Mute sein wie an einem schönen Sommermorgen, wenn ihr spazieren geht und die Lerche hoch zum Himmel steigt.« Seine Klasse nannte er *Schule des Sehens*, denn es ging ihm nicht darum, die Teilnehmer »zu Kunstmalern auszubilden, sondern ihnen die Augen zu öffnen für das, was Kunst ist«. »Meine Schule ist eine Arbeitsschule und keine Diskussionsstunde«, schrieb er, gegen die Abstrakten polemisierend. Bei ihm gäbe es keine Zeit, »über Kunstdogmen und Manifeste ... zu schwätzen«.

Elf Jahre unterrichtete Kokoschka auf der Festung Schüler, die aus aller Welt kamen, um sich von ihm inspirieren zu lassen. In dieser Zeit entspannte sich auch das Verhältnis Salzburgs zu dem immer bekannter werdenden Künstler. 1956 wurde sein 70. Geburtstag feierlich im Carabinierisaal der Residenz begangen. Die Stadt stiftete den *Oskar-Kokoschka-Preis* und benannte 1959 den Mönchsbergweg in Oskar-Kokoschka-Weg um.

Die Internationale Sommerakademie für Bildende Künste sank nach seinem Ausscheiden 1964 keineswegs zu einer provinziellen Einrichtung herab. Berühmte Lehrer wie Marie-Jo Lafontaine, Markus Lüpertz, Karl Prantl, Nancy Spero oder Daniel Spoerri sorgen bis heute für ein internationales Niveau. Zum Abschluß der Sommerakademie, die immer im Juli und August stattfindet, werden die Ergebnisse in einer Ausstellung auf der Hohensalzburg der Öffentlichkeit vorgestellt.

Vom Arbeitshaus geht es leicht bergauf zum Äußeren Burghof mit seiner 400jährigen Linde und der Festungskirche an der Nordseite. Unmittelbar daneben führt ein kleiner Durchgang zur Großen Kuenburg-Bastei, die rechts von einem wuchtigen Turm abgeschlossen wird, dem

⓮ Trompeterturm Hohensalzburg

1955 riefen Thomas Bernhard, sein Freund Erwin Gimmelsberger und der Lektor und Journalist Hansjörg Graf das *Forum Hohensalzburg* ins Leben. Im Rahmen der von diesem Forum begründeten *Wochen Österreichischer Dichtkunst* luden sie namhafte Autorinnen und Autoren wie Gertrud von le Fort, Luise Rinser, Ingeborg Bachmann, Marlen Haushofer oder Richard Billinger ein, die im Atelier des Malers Sepp Hödlmoser im Trompeterturm aus ihren Werken lasen.

Auf den Äußeren Burghof zurückgekehrt, können Sie rechts durch einen weiteren Torbogen das eigentliche Herz der Festung besichtigen, wo sich u. a. ein Museum mit Fürstenzimmern befindet sowie der sog. Salzburger Stier, ein Hornwerk, das früher drei-

mal täglich die Stadt mit kleinen, auf einer Walzenorgel hinterlegten Kompositionen beglückte. Unser Spaziergang führt jedoch links über eine Treppe an der alten Festungsbahn entlang hinab auf den Hauptweg, der wieder in die Stadt geht. Hinter dem Kasseneingang kommen Sie auf den Oskar-Kokoschka-Weg, dem Sie links weiter auf den Mönchsberg folgen. Hinter dem Schartentor geht es wieder bergab. Sie passieren die Kokoschka-Villa (Mönchsberg 33), in der der Künstler während der Sommermonate wohnte, und halten sich bei der nächsten Weggabelung rechts. Nach wenigen Metern erreichen Sie links ein Tor, genannt Bürgermeisterloch, hinter dem ein schattiger Waldweg beginnt. Dieser stößt am Fuße des Bergs auf die Brunnhausgasse, in die Sie links einbiegen. Nach wenigen Metern sehen Sie links die formstrenge

⓯ Villa von Clemens Holzmeister Brunnhausgasse 14a

Als 1976 Clemens Holzmeisters (1886–1983) Autobiographie *Architekt in der Zeitenwende* erschien, in welcher der 90jährige stolz auf sechs Dezennien künstlerischer Tätigkeit zurückblickt, hatte er keineswegs vor, sich endgültig aufs Altenteil zurückzuziehen. Den Zuschauerraum des Kleinen Festspielhauses wollte er noch umgestalten, doch kam es nicht mehr zur Realisierung. Im beinahe biblischen Alter von 97 Jahren starb Holzmeister, der Architekt der Salzburger Festspielhäuser. Die letzten Jahre hatte er hier, mit herrlichem Blick Richtung Leopoldskron, in seinem selbst entworfenen Haus verbracht.

Holzmeisters Beziehung zu Salzburg, die nicht immer ungetrübt war, hatte 1926 begonnen, als es galt, das als Festspielhaus adaptierte Marstallgebäude umzugestalten. Von da an baute der Leiter der Wiener Meisterschule für Architektur über einen Zeitraum von 34 Jahren immer wieder an den Festspielhäusern. Besonderes Aufsehen erregte seine *Faust*-Stadt (vgl. S. 94 f.), die er 1933 in der Felsenreitschule errichtete. Für mehrere Jahre war sie ein Publikumsmagnet. Die Nationalsozialisten erklärten sie jedoch zum »jüdischen Machwerk« und rissen sie ab.

Für den äußerst konservativen, zutiefst gläubigen Holzmeister, der »zur Ehre Gottes oder zu Nutz und Freude des Menschen« baute, war unter den Nationalsozialisten kein Bleiben mehr. Er verbrachte die Kriegsjahre in der Türkei, wo er im Auftrag Atatürks das Parlamentsgebäude in Ankara baute, und kehrte erst nach dem Krieg nach Wien zurück.

Im Jahr der Neueröffnung des von ihm 1956–60 erbauten neuen (Großen) Festspielhauses übersiedelte er nach Salzburg und bezog zwei Jahre später hier im Nonntal sein Haus »mit dem unvergleichlichen Blick gegen die Alpenwelt«. »Die erlittenen Enttäuschungen der letzten Jahre« hatten ihn nicht von diesem Bauvorhaben abgehalten. Holzmeister spielte mit solchen Äußerungen wohl auf das Scheitern einiger seiner Pläne an, wie etwa einer Musik-Olympiade auf dem

Clemens Holzmeister auf einer Salzburger Baustelle

Mönchsberg oder eines Festspielhauses im Mirabellgarten. Auch stieß das Große Festspielhaus nicht auf uneingeschränkte Begeisterung, kritische Stimmen bezeichneten es als »Monstrum«. Doch die positive Seite der Bilanz überwog. Nicht zuletzt dürfte die theatralische Kulisse Salzburgs bei der Wahl seines Alterssitzes eine Rolle gespielt haben, entsprach sie doch so gänzlich seinem Wesen: »Aus Herkunft und Gesinnung bin ich immer Romantiker gewesen und geblieben.«

Von der Brunnhausgasse, der Sie weiter folgen, zweigt nach einiger Zeit links die Nonnberggasse ab. Auf der linken Seite steht das

⑯ Wohnhaus von Constanze und Georg von Nissen Nonnberggasse 12

Hier lebte die in erster Ehe mit Mozart verheiratete Constanze Weber (1762–1842) mit ihrem zweiten Mann Georg Nikolaus von Nissen (1761–1826). Der dänische Staatsrat hatte die Witwe in Wien, wo er bei der Familie Weber zur Untermiete wohnte, kennengelernt. Nach einem längeren Aufenthalt in Kopenhagen zogen sie 1821 nach Salzburg. Der leidenschaftliche Mozart-Verehrer Nissen widmete sich fortan einer Biographie des Komponisten. Bei seinen Recherchen fand er die lebhafte Unterstützung Constanzes, die ihre Söhne aufforderte, Briefe und Unterlagen zu schicken, »denn auch solge Sachen sucht der

Vater auf, und sitzt Tag und Nacht in einem Haufen Büchern und Zeitschriften begraben, daß ich ihn nur mit Mühe sehen kann«. Als Nissen 66jährig starb, war die Biographie noch nicht vollendet. Constanze betreute die Herausgabe und publizierte das Werk 1828 postum bei Breitkopf. Sie verließ nach dem Tod ihres Mannes die Nonnberggasse und bezog eine neue Wohnung am Mozartplatz.

Sie gehen den Weg weiter leicht bergauf, bis Sie durch eine schmiedeeiserne Gittertür den Klosterbezirk des Stifts Nonnberg betreten.

⑰ Benediktinerinnenstift Nonnberg

Der Nonnberg, eine Gründung des Stadtheiligen Rupert von 712/15, ist das älteste noch bestehende Frauenkloster im deutschen Sprachraum. Die erste Äbtissin war Ruperts Nichte Erentrudis, die in der Krypta beigesetzt wurde. Seit 1848 nehmen die Benediktinerinnen vom Nonnberg auch Nichtadlige auf.

Eine der bürgerlichen Novizinnen war **Maria Augusta Kutschera** (1905–1987), die sich hier nach dem Besuch einer Lehrerinnenbildungsanstalt auf die Profeß vorbereitete. Zwar war Maria Augusta tief gläubig, doch fiel es dem vor Unternehmungslust sprühenden Mädchen schwer, sich den strengen Klosterregeln zu unterwerfen. Stillhalten war ihre Sache nicht, ein Geländer verlockte sie zum Rutschen, ein schöner Tag zum Pfeifen – beides höchst unschicklich für eine angehende Novizin. Bald litt sie ständig unter Kopfschmerzen, ein herbeigerufener Arzt riet, das Mädchen nochmals für einige Monate in die Welt »hinauszuschicken«.

So kam Maria Augusta als Erzieherin in die Aigner Villa (Traunstraße 36) des verwitweten **Barons Georg von Trapp**, der nicht nur seine Frau, sondern – da Österreich nach 1918 keine Küsten mehr besaß – auch seine berufliche Aufgabe als Korvettenkapitän verloren hatte. Der gedämpften Stimmung im Hause des Barons machte die lebenslustige Novizin schnell ein Ende. Sie sang und musizierte mit den sieben Kindern und eroberte nach und nach nicht nur die Herzen der Kinder, sondern auch das des Vaters. Die Ehe wurde im Beisein der ganzen Ordensgemeinschaft im November 1927 auf dem Nonnberg geschlossen.

Die Unbeschwertheit der ersten Ehejahre fand ein jähes Ende, als die Fa-

Maria Augusta Baronin von Trapp geb. Kutschera, 40er Jahre

milie mit dem Konkurs eines Bankhauses ihr gesamtes Vermögen verlor. Zimmer mußten an Fremde vermietet werden, und trotzdem reichte das Geld auf Dauer kaum für den Lebensunterhalt der mittlerweile auf elf Köpfe angewachsenen Familie. Doch die couragierte Hausherrin ließ sich nicht entmutigen und studierte, von einem jungen Priester angeleitet, mit ihren Kindern Motetten, Messen und Madrigale ein, die der kleine Chor in der Hauskapelle »zum Lob Gottes« und zur eigenen Erbauung sang. Als die gefeierte Sopranistin Lotte Lehmann auf Zimmersuche in die Villa Trapp kam, wurde sie unbemerkt Zeugin einer Chorprobe. Die Lehmann war begeistert. »Kinder, Kinder, dieses köstliche Talent dürft ihr nicht für euch allein behalten!« soll sie ausgerufen haben. Kurz entschlossen meldete sie die Trapps für einen Wettbewerb im Chorgesang bei den Salzburger Festspielen an. Der Baron fand es höchst unschicklich, seine Familie auf der Bühne zu sehen, und war entsetzt, daß sie den ersten Preis gewann. Daraufhin kamen die verlockendsten Angebote aus dem In- und Ausland, und schließlich verlor auch der Baron »das Gefühl, beim Zahnarzt zu sitzen«, wenn er seine Lieben hörte.

Nach dem Einmarsch Hitlers in Österreich emigrierte die streng katholische Familie über London nach Amerika. Um kein Aufsehen zu erregen, hatte sie Österreich in der Salzburger Landestracht verlassen, die bald zu ihrem Markenzeichen wurde. Der Neuanfang in den USA war zunächst schwierig. Als sie aber in einem Konzert spontan einen Jodler anstimmten, brach das Eis. Als *Trapp Family Singers* feierten sie fortan ungeahnte Erfolge. Nach dem Krieg nutzten sie ihre Popularität, um ihrer früheren Heimat zu helfen. Sie gründeten die *Österreich-Hilfe der Familie Trapp* und sammelten bei ihren Konzerten Geld- und Sachspenden. Vor allem Salzburg kam diese Hilfe zugute. Die Trapps fanden für 14 000 österreichische Familien amerikanische »Paten« und verschickten Waren im Gewicht von 150 000 kg. Zurückkehren aber wollten sie nicht. Bei einem kurzen Salzburg-Besuch erfuhren sie, daß Himmler ihre Villa konfisziert hatte und die Kapelle als Bierstube genutzt worden war.

Maria Augusta von Trapp, das Herz des singenden Familienunternehmens, starb 1987 in Morrisville/Vermont. Ihre Memoiren lieferten u. a. die Vorlage zu der deutschen Verfilmung *Die Trapp-Familie* mit Ruth Leuwerik in der Hauptrolle und dem mit fünf Oscars ausgezeichneten amerikanischen Film *Sound of Music*, in dem Julie Andrews als singende Baronin brillierte.

Sie gehen über den Friedhof bis zum zweiten Ausgang, der Sie wieder auf die Nonnberggasse führt. Nach wenigen Metern endet die Gasse an der Nonnbergstiege, über die Sie hinab zur Stadt gelangen. Unten biegen Sie links in die Kaigasse ein, auf der Sie zurück zum Mozartplatz kommen.

Friedhof St. Peter mit den Katakomben

Zweiter Spaziergang
»Hier ist ein sonntäglich klarer Friede«
Über den Friedhof St. Peter und den Mönchsberg

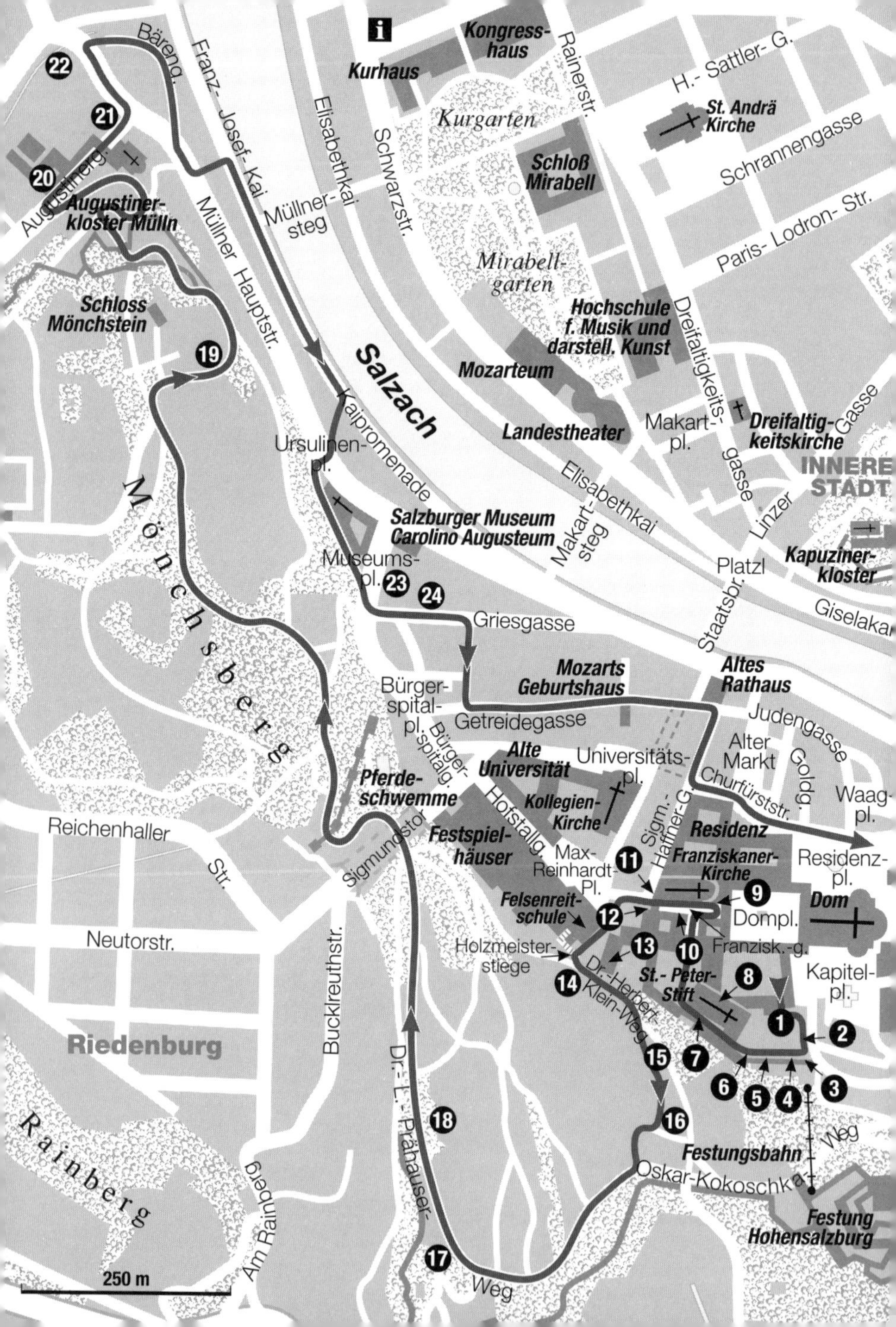

Kongresshaus
Kurhaus
Rainerstr.
H.-Sattler-G.
St. Andrä Kirche
Kurgarten
Schrannengasse
Schloß Mirabell
Paris-Lodron-Str.
Mirabellgarten
Hochschule f. Musik und darstell. Kunst
Mozarteum
Landestheater
Makartpl.
Dreifaltigkeitsgasse
Dreifaltigkeitskirche
Linzer Gasse
INNERE STADT
Elisabethkai
Makartsteg
Kapuzinerkloster
Platzl
Giselakai
Staatsbr.
Salzach
Bäreng.
Franz-Josef-Kai
Elisabethkai
Schwarzstr.
Müllnersteg
Müllner Hauptstr.
Augustinerg.
Augustinerkloster Mülln
Schloss Mönchstein
Mönchsberg
Kaipromenade
Ursulinenpl.
Salzburger Museum Carolino Augusteum
Museumspl.
Griesgasse
Mozarts Geburtshaus
Altes Rathaus
Judengasse
Alter Markt
Goldg.
Getreidegasse
Bürgerspitalpl.
Bürgerspitalg.
Alte Universität
Universitätspl.
Churfürststr.
Waagpl.
Kollegienkirche
Pferdeschwemme
Hofstallg.
Sigm.-Haffner-G.
Residenz
Reichenhaller Str.
Sigmundstor
Festspielhäuser
Max-Reinhardt-Pl.
Franziskanerkirche
Residenzpl.
Dom
Dompl.
Felsenreitschule
Franzisk.-g.
Holzmeisterstiege
St.-Peter-Stift
Kapitelpl.
Neutorstr.
Dr.-Herbert-Klein-Weg
Riedenburg
Bucklreuthstr.
Festungsbahn
Oskar-Kokoschka-Weg
Festung Hohensalzburg
Rainberg
Am Rainberg
Dr.-L.-Prähauser-Weg
250 m
1
2
3
4
5
6
7
8
9
10
11
12
13
14
15
16
17
18
19
20
21
22
23
24

Der Spaziergang beginnt auf dem Friedhof St. Peter, geht durch den ältesten Teil der Stadt und entführt Sie auf den Mönchsberg mit seinen malerischen Ausblicken. So abwechslungsreich wie der Weg sind die Persönlichkeiten, denen Sie begegnen werden. Neben einem originellen Franziskanermönch werden Sie einen Salzburger Mundartdichter kennenlernen, Literatinnen und Literaten, Architekten und Malerinnen, Musikerinnen und Musiker sowie mehrere Künstler, die die Festspiele auf ihre Weise geprägt und für Skandale gesorgt haben.
Sie betreten den Petersfriedhof durch den Eingang auf dem Kapitelplatz.

❶ Friedhof von St. Peter

Der Friedhof St. Peter zählt zu den schönsten der Welt. Er wird auf drei Seiten von Arkadengängen umrahmt, die Christoph Gottsreiter 1626 errichtet hat. Über den Arkaden an der schroffen Steilwand des Mönchbergs sind frühchristliche Felsengräber zu sehen. In der Mitte des Friedhofs liegt malerisch zwischen gußeisernen Kreuzen die spätgotische Margaretenkapelle.
Der Friedhof von St. Peter ist oft besungen worden. Nikolaus Lenau fängt die Stimmung besonders liebevoll ein:

O schöner Ort, den Toten
auserkoren
Zur Ruhestätte für die müden
Glieder!
Hier singt der Frühling
Auferstehungslieder,
Vom treuen Sonnenblick
zurückbeschworen
...
Der fremde Wandrer, kommend
aus der Ferne,
Dem hier kein Glück vermodert,
weilt doch gerne
Hier, wo die Schönheit Hüterin
der Toten.

Wer hier begraben liegt, scheint Gott ein wenig näher zu sein, und so wundert es nicht, daß Persönlichkeiten wie der Komponist und Dirigent Bernhard Paumgartner oder der Architekt Clemens Holzmeister auf diesem Friedhof bestattet wurden.
Sie gehen links unter den Arkaden entlang bis zu den Gräbern XV und XVI.

❷ Grabstätte der Familie Hagenauer Grab XV und XVI

Der Kaufmann Johann Lorenz Hagenauer (1712–1792) war ein enger Freund und Förderer der Familie Mozart und schoß das Reisegeld vor, das der ehrgeizige Vater Leopold Mozart benötigte, um seine beiden Wunderkinder an den europäischen Fürstenhöfen vorzuführen. In dem Haus der Hagenauers in der Getreidegasse kam Wolfgang Amadeus Mozart zur Welt, Hagenauers Sohn Kajetan Rupert wurde ein guter Freund des Komponisten.
Am Ende des Arkadengangs setzen Sie den Weg an der Mönchsbergseite fort und kommen zur

❸ Grabstätte von Santino Solari Grab XXXI

Eine Schönheit war der italienische Architekt Santino Solari (1576–1646) nicht, glaubt man einem Bildnis im Salzburger Dommuseum, auf dem dieser als weiser Zwerg mit Spitzbart und klobigen Händen zu sehen ist. Um so schöner ist, was er in seinen 34 Salzburger Jahren mit einer Gruppe italienischer Stukkateure und Bildhauer schuf. 1612 kam der in Rom ausgebildete Architekt nach Salzburg, wo er unter den Erzbischöfen Markus Sittikus und Paris Lodron wirkte. Etliche Bauunternehmen, die sein Vorgänger Vincenzo Scamozzi begonnen hatte, führte er zu Ende: zum Beispiel die Residenz mit dem Neubau und den Dom. Er befestigte die Stadt unter Einbeziehung des Kapuziner- und des Mönchsbergs, baute die Universität mit ihrer bemerkenswerten Aula, überwölbte St. Peter und errichtete das Schloß Hellbrunn. Als Solari 1646 starb, hatte sich das Gesicht Salzburgs unter seiner Regie vollkommen verwandelt. Aus dem Nest an der Salzach war das »deutsche Rom« geworden.

Nebenan finden Sie die

❹ Grabstätte von Richard Mayr Grab XXXIII

Der Salzburger Brauereisohn Richard Mayr (1877–1935) (vgl. S. 85 f.) war der Lieblingsbassist von Richard Strauss. Auf seiner Grabplatte ist das Opernzitat »Du Guter, Du Großer bist daheim« eingraviert. Einer Anekdote nach soll der korpulente Sänger eines Nachts mit einem Freund über den Friedhof gegangen sein und mit seinem berüchtigten Humor gesagt haben, hier werde er bald in seiner »Schmalzdos'n« liegen.

Am Grab von Mozarts Freund Sigmund Haffner vorbei gelangen Sie zur

❺ Grabstätte von Wolfgang Hagenauer Grab LII

Der Architekt Wolfgang Hagenauer (1726–1801) trat nach einer Zimmermannsausbildung und dem Studium an der Wiener Akademie die Stelle eines Hofbauverwalters am erzbischöflichen Hof in Salzburg an. In frühklassizistischer Manier konzipierte und erbaute er das Neutor, ein Portal am Tunneleingang zum Mönchsbergstollen, und errichtete die Mariensäule auf dem Domplatz mit seinem jüngeren Bruder Johann Baptist (1732–1810).

Am Ende des Arkadengangs links öffnet sich ein wenig zurückversetzt die

❻ Kommunigruft

Hier liegen Michael Haydn (vgl. S. 28 ff.) und Maria Anna Mozart (vgl. S. 101), genannt Nannerl, begraben. Verbittert hatte Nannerl St. Peter als letzte Ruhestätte gewählt, nachdem die von ihr und ihrem Vater nie anerkannte Constanze ihren zweiten Mann Georg von Nissen im Mozartschen Familiengrab auf dem Sebastiansfriedhof hatte beisetzen lassen.

Sie verlassen nun den Friedhof und gehen zur Klosterkirche. Unmittelbar

Stiftskeller St. Peter, Innenhof, um 1900

hinter dem Friedhofsausgang liegt links die älteste Wirtschaft Europas, der

Nach einem Blick in den schönen Innenhof des Stiftskellers besuchen Sie die

❼ Stiftskeller St. Peter

Schon Alkuin, der Hofdichter Karls des Großen, erwähnte 803 den Peterskeller in einer seiner Dichtungen. Michael Haydn hat hier gezecht und für seinen Stammtisch Männerquartette, Wegbereiter der später so beliebten deutschen Liedertafeln, komponiert. In den frühen Festspielzeiten konnte man im Peterskeller mit etwas Glück so bekannte Künstler wie Max Reinhardt, Bruno Walter, Arturo Toscanini, Erich Kästner oder Paula Wessely (geb. 1907) treffen.

❽ Klosterkirche St. Peter

St. Peter ist das älteste seit seiner Gründung bewohnte Benediktinerkloster im deutschen Sprachraum. Es wurde 696 vom heiligen Rupert (um 650–716/18) gegründet, der zum Schutzheiligen des Doms und bald auch zum Salzburger Landesheiligen avancierte. Der heutige Bau geht auf eine romanische Basilika des 12. Jahrhunderts zurück, die im 17. und 18. Jahrhundert durch Anbauten, Altäre und Fresken barockisiert wurde. Seit 1927 dient sie zu Festspielzeiten als

Aufführungsort der c-Moll-Messe von Mozart, die in St. Peter am 26. Oktober 1783 als eine Art »Gelöbnis- und Versöhnungsmesse« uraufgeführt wurde. Mozart hatte die unvollendet gebliebene Messe zur Einlösung eines Gelübdes, das er für die Genesung der schwer erkrankten Constanze abgelegt hatte, komponiert. Als er 1783 mit seiner wieder genesenen Frau Salzburg besuchte – vor allem, um den über die Hochzeit seines Sohnes erzürnten Vater zu versöhnen –, setzte er darauf, daß Constanze, die eine der beiden Sopranpartien übernahm, Leopold Mozart durch ihren Gesang betören werde. Bekanntlich wurde ihm dieser Wunsch nicht erfüllt.

Nach dem Besuch der Kirche treten Sie auf den Klosterhof und verlassen diesen rechts durch eine Toreinfahrt. Auf der Franziskanergasse halten Sie sich rechts und gehen zu den drei Arkaden. Unter diesen erinnert links eine Gedenktafel am Haus Nr. 2 an das

⑨ Wohnhaus von Georg Muffat Franziskanergasse 2

Der französische Komponist und Organist Georg Muffat (1653–1704) erhielt seit seinem zehnten Lebensjahr in Paris bei Jean-Baptiste Lully seine musikalische Ausbildung. Nach Abschluß des Studiums wirkte er als Or-

St. Peter, Kupferstich aus dem 18. Jahrhundert

ganist und Rhetoriklehrer, entschloß sich aber 1674, in Ingolstadt Rechtswissenschaften zu studieren. Hin- und hergerissen zwischen seiner musikalischen Begabung und seinem theoretischen Interesse, gab 1678 der Wunsch des Salzburger Erzbischofs Max Gandolph Graf Kuenburg, ihn als Domorganisten und Kammerdiener anzustellen, den Ausschlag, die Wissenschaft aufzugeben.
Der Erzbischof fand Gefallen an dem jungen Musiker und finanzierte ihm 1681 eine Bildungsreise nach Rom, damit er sich dort fur die bevorstehende 1100-Jahr-Feier des Erzstifts musikalische Anregungen holen sollte. Als Muffat ein Jahr später mit einer »harmonischen Huldigung« von fünf Sonaten nach Salzburg zurückkehrte, hoffte er zuversichtlich auf weitere Förderung. Doch der Hofgeiger Heinrich Ignaz Franz Biber hatte, die Abwesenheit seines Kontrahenten nutzend, die Gunst Max Gandolphs erworben und sich den Auftrag für die Festmusik gesichert. Dieser Enttäuschung folgte bald die nächste: 1684 wurde Biber zum Nachfolger des verstorbenen Hofkapellmeisters Andreas Hofer ernannt. Als 1687 auch noch der franzosen- und italienerfeindliche Johann Ernst Thun den Bischofsstuhl bestieg, wurde die Situation für Georg Muffat unerträglich. Von Intrigen und Mißgunst umgeben, fühlte er sich wie eine Blume, die »Schatten und Kälte« fürchtet. Er ging nach Passau, wo er 1693 zum obersten Hof- und Domkapellmeister ernannt wurde.
Muffat schrieb zahlreiche Orgelstücke, dramatische Werke und Kon-

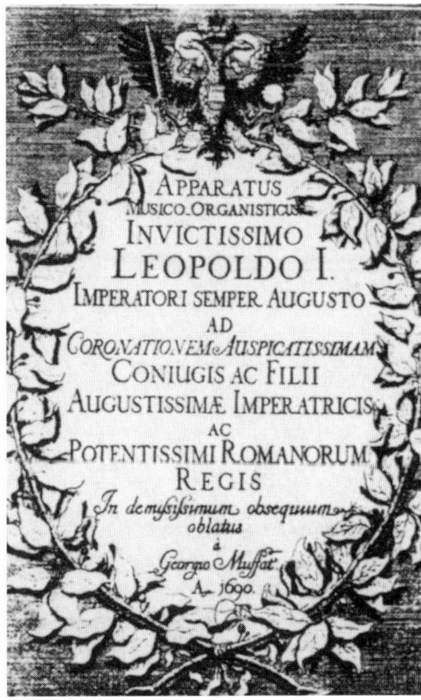

Georg Muffat,
Apparatus Musico-Organisticus,
Frontispiz,
Salzburg 1690

zerte, in denen er die »muntere Lieblichkeit« der Lullyschen Musik mit der »italienischen Anmut« und dem deutschen Stil vollendet zur Synthese brachte. Sein Werk führte die süddeutsche Orgelkunst zur höchsten Blüte. Für Georg Friedrich Händel waren Muffats Concerti grossi Vorbilder, und noch heute zählt er zu den bedeutenden Komponisten des 17. Jahrhunderts.
Sie gehen die Franziskanergasse zurück und sehen nach wenigen Metern links im Schutz eines Torbogens eine

⑩ Gedenktafel für Pater Peter Singer Franziskanergasse

Der Franziskanermönch Peter Singer (1810–1882) erregte im 19. Jahrhundert als Instrumentenbauer große Aufmerksamkeit. Vor allem sein Pansymphonikum, ein besaitetes Tasteninstrument mit Orgelpfeifen, spielbar über eine Klaviatur, machte ihn berühmt. Diese Erfindung lockte bereits zu seinen Lebzeiten Scharen von Besuchern an, wenn er jeden Vormittag sein Instrument im Franziskanerkloster vorführte. Unter ihnen befanden sich auch bedeutende Musiker wie Franz Liszt, Anton Bruckner, Giacomo Meyerbeer und Louis Spohr.

Der Pansymphoniumbauer war zugleich Komponist – mehr als 100 Messen stammen von seiner Hand –, Novizenmeister und Musiktheoretiker. Seine Musikinstrumente sind im Pater-Peter-Singer-Museum im Franziskanerkloster zu besichtigen, dessen Eingang sich ein Stück weiter auf der linken Straßenseite befindet.

Hinter der Tordurchfahrt geht rechts die Sigmund-Haffner-Gasse ab. Auf der rechten Seite liegt der Eingang zur

⑪ Franziskanerkirche

Durch ein dreischiffiges Haupthaus betreten Sie den Chorbereich, der durch seine polygonale Architektur und eine helle, leichte Raumwirkung besticht. Auf dem Hochaltar ist eine Madonna von **Michael Pacher** (1435–1498) zu sehen, das einzige erhaltene Fragment eines im 18. Jahrhundert zerstörten Flügelaltars. Für diese Arbeit verlegte Pacher seine Werkstatt 1495 von Bruneck in Südtirol nach Salzburg, wo er 1498 verstarb. Zwei Jahre nach seinem Tod wurde der Altar mit einer Gesamthöhe von 17 Metern in der Kirche aufgestellt.

Pater Peter Singer

Der an der Stelle von Pachers Werk errichtete Barockaltar geht auf den österreichischen Architekten und Bildhauer Johann Bernhard Fischer von Erlach zurück. Erich Kästner sprach angesichts des »Reigen(s) ergötzlich gesunder, vergnügter Engel« um den Hochaltar respektlos von einem »geflügelten Kindergarten«.

Sie kehren zur Franziskanergasse zurück, die rechts auf dem Max-Reinhardt-Platz endet. Unmittelbar links, in die Umfassungsmauer des Franziskanerklosters eingelassen, ist ein

⑫ Gedenkrelief für Franz Rehrl Max-Reinhardt-Platz

Als der christlich-soziale Landeshauptmann Dr. Franz Rehrl (1890–1947) 1924 gemeinsam mit Erzbischof Ignatius Rieder und dem Salzburger Bürgermeister Josef Preis die Schirmherrschaft über die Festspiele übernahm, wurde er für die nächsten 14 Jahre die wichtigste politische Kraft im Kampf um das Überleben der Festspiele. Der gebürtige Salzburger Rehrl, ein kleiner, klobiger Mann, der am liebsten eine Lodenjacke und einen Hut mit Gemsbart trug, erkannte die kommerzielle Bedeutung der Festspiele, die er auf die einfache Formel »Kultur ist gleich Geschäft« brachte. Unermüdlich trieb er Kredite auf und startete weltweite Werbekampagnen. Ende der zwanziger Jahre hatte er die Festspiele in die schwarzen Zahlen gebracht.

Seit 1933 attackierten die Nationalsozialisten den engen Freund von Max Reinhardt, zwei Monate nach dem Einmarsch in Österreich 1938 wurde Rehrl inhaftiert und erst 1945 als kranker Mann aus einem Berliner Gefängnis entlassen. Der durchsetzungsstarke, einfallsreiche Politiker, ohne den die Festspiele möglicherweise ein kurzes Zwischenspiel geblieben wären, starb 1947 in Salzburg an den Folgen der Haft.

Die Mauer endet an einem Tordurchgang. Dahinter liegt der

Landeshauptmann Franz Rehrl

⓭ Toscaninihof

In den Jahren 1934 bis 1937 war der italienische Dirigent Arturo Toscanini (1867–1957), nach dem dieser Hof benannt ist, die beherrschende Persönlichkeit der Festspiele. Zu seinen Aufführungen kam die Prominenz aus der internationalen Musikszene, dem europäischen Hochadel und der Finanzwelt, denn der 1867 in Parma als Sohn eines Schneiders geborene Toscanini zählte zu den gefeiertsten Dirigenten seiner Zeit. In Amerika, wo er seit Ende der zwanziger Jahre die New Yorker Philharmoniker leitete, herrschte geradezu eine »Toscanini-Hypnose«. Seine an Perfektion, Klarheit und Werktreue unübertroffenen Interpretationen waren vielen eine Offenbarung. »Kaum hatte er den Taktstock gehoben, zwang er die Zuhörer nicht nur in seinen Bann, sondern suggerierte ihnen die Überzeugung: Nur so, nicht anders, darf Musik klingen«, erinnert sich der langjährige Intendant der Berliner Philharmoniker Wolfgang Stresemann. Altbekanntes konnte unter Toscaninis Leitung zu einem ganz neuen Hörerlebnis werden, doch der technischen Perfektion seiner Interpretationen fehlte bisweilen das »Gespür für das Geheimnis der Musik«. So schrieb Oskar Kokoschka: »Er kam mir vor wie eine fröstelnde Katze, und an der Stelle des Herzens, glaubte ich, hätte er ein Metronom gesetzt.«

Dabei hatte Toscanini eine, wie Wolfgang Stresemann meinte, »geradezu schreckenserregende vulkanische Natur«, unter der vor allem Musiker und Sänger zu leiden hatten. Der wegen seines Jähzorns gefürchtete Dirigent reagierte überempfindlich auf eine unsaubere Intonation und konnte derart in Rage kommen, daß er Taktstöcke zerschlug und den Schuldigen in Grund und Boden donnerte. Manche behaupteten, er würde ein Orchester nicht führen, sondern wie ein General kommandieren. Er habe »Augen wie glühende Kohlen, in der einen Hand einen Taktstock, in der anderen einen unsichtbaren Revolver«, meinte ein Mitglied der Wiener Philharmoniker.

Wo der 1,60 Meter kleine Übermensch der Musik auftauchte, hatte man ihm bedingungslos zu gehorchen. In Salzburg bestand er von Anfang an auf der höchsten Dirigentengage, brachte mit seiner Forderung von 45 Proben für eine *Meistersinger*-Aufführung den Festspielbetrieb durcheinander und war zu Tode beleidigt, wenn vorsichtige Kritik an ihm geäußert wurde. Bruno Walter mußte Toscanini 1936 demütig bitten, seine Teilnahme an den Festspielen nicht abzusagen. »Sie wissen besser als ich ..., daß Salzburg der vielleicht letzte unpolitische Ort ist, an dem Kunst noch ein Dach über dem Kopf hat. Lassen Sie diesen Ort nicht im Stich«, schrieb er dem Grollenden. Und Toscanini kam, noch in jenem und im nächsten Jahr, fuhr mit seinem Cadillac vor das Festspielgebäude und »diktierte, welche Opern er dirigieren wolle. Und Diskussionen darüber gab es nicht«, erinnerte sich Herbert von Karajan.

Er dirigierte den *Falstaff*, den *Fidelio* und die *Meistersinger*, spielte Händel, Debussy und 1936 Verdis *Requiem*:

Arturo Toscanini probt mit den Wiener Philharmonikern

eine unheilvolle Aufführung. Das Konzert war für 11 Uhr angesetzt, alles war für eine Live-Übertragung im Rundfunk vorbereitet, Toscanini betrat pünktlich das Podium, stoppte plötzlich und blieb bewegungslos stehen. Beklemmende Stille lag über dem Saal. Was war passiert? Ein unwissender Bühnenarbeiter hatte ein Dirigentenpult aufgestellt, eine Beleidigung für den Maestro, der bekanntermaßen in einer Nacht eine ganze Partitur auswendig lernen konnte.

Der kleine Diktator Toscanini scheint Salzburg trotz dieser Zwischenfälle geliebt zu haben. Nach einem Konzert feierte der fast 70jährige gerne die Nacht in einer stillen Weinstube durch. Am frühen Morgen forderte er seine erschöpften, oft jugendlichen Begleiter auf, noch einen seiner berüchtigten »Spaziergänge im Geschwindschritt an den Ufern der Salzach« mit ihm zu machen. Der Einmarsch der Deutschen 1938 setzte der »Ära Toscanini« in Salzburg ein Ende.

Der Toscaninihof wird rechts von der Felsenreitschule begrenzt. Hier führt die Holzmeisterstiege steil nach oben zum

⓮ Mönchsberg

Die Idylle des Mönchsbergs hoch über den Gassen der belebten Altstadt ist literarisch vielfach eingefangen worden. So schrieb Thomas Bernhard in *Nacht in Salzburg*: »Hier ist ein sonntäglich klarer Frieden. ... Aber tausend Lichter flackern unter dir, fast

Bruno Walter, Thomas Mann und Arturo Toscanini (von li. nach re.), 1936

Die Schwestern Esinger im Garten ihrer Villa auf dem Mönchsberg, um 1900. Tuschzeichnung von Adele Esinger

wie vieltausend Sonnen. Es eifert Schönheit überall. Ein Strahlenbündel zaubert dir die Türme nahe, goldene Uhren, Kupfergiebel, Eisenhähne, die sich nach dem Winde drehn, wandelt über Gassen fort und schimmert am Dom und in den Lauben, klingt an die Glocken und spielt mit den Marmorfiguren der großen Kollegienkirche. Doch über allem thront die Festung mächtig, einsam, nahe unserem Himmel. Schöne nächtliche Stadt, wer hat dich gebaut?« Auch Trakl huldigte diesem besonderen Ort mit dem Gedicht *Am Mönchsberg*. Sie können es links auf einer Tafel an der Mauer lesen.

Hier befinden Sie sich auf dem Dr.-Herbert-Klein-Weg und kommen bald zu einem ummauerten Grundstück, an dem sich der Weg gabelt. In dem Garten erhebt sich hoch oben eine Villa, in der zu Beginn des 20. Jahrhunderts ein stadtbekanntes Schwesternpaar lebte.

⓯ Wohnhaus von Adele und Hermine Esinger Mönchsberg 6

Bis in die zwanziger Jahre luden die Künstlerschwestern jeden Freitag zu Lese- und Musizierstunden in ihr gastfreundliches Haus ein. Die ältere von beiden war die Landschaftsmalerin Adele Esinger (1844–1923), die seit 1876 im Salzburger Kunstverein ausstellte. Befreundet mit der Malerin Bertha von Tarnóczy, die 1882 den Münchner Künstlerinnenverein gegründet hatte, und mit der Frauen-

rechtlerin Irma von Troll-Borostyáni, brachte sie einen kämpferischen Ton auf den Mönchsberg. Die Liszt-Schülerin Hermine Esinger (1852–1939), die erste Organistin Österreichs und Freundin Clara Schumanns, sorgte dagegen für eine gutbürgerliche Note bei den Freitagsgesellschaften.
Der buntgemischte Kreis von Rebellinnen und esoterischen Musikerinnen, feinsinnigen Schriftstellerinnen und exzentrischen Malerinnen ließ sich von der märchenhaften Atmosphäre der Esinger-Villa verzaubern. »Durch Deine Räume schwebt Mozarts Schritt, / Von beseelten Händen getragen, / Und leise wandern die Katzen mit / Und die alten Uhren schlagen«, dichtete Irma von Schellander über die Villa der Schwestern, und der Nachbar Ludwig Praehauser schwärmte von dem verwunschenen Haus mit seinem »träumenden Garten«.
Sie folgen rechts der Gasse bergauf. Verwilderte Gärten und alte Häuser, die teilweise aus dem 15. Jahrhundert stammen, versetzen Sie in eine andere Zeit. Kurz vor dem Ende der Gasse sehen Sie links im Hintergrund ein hoch aufragendes gelbes Gebäude auf einem parkähnlichen Grundstück.

⑯ Wohnung und Atelier von Agnes Muthspiel Abtsturm Mönchsberg 9

Die »glückhaft, verspielte Stadt« Salzburg hatte am Ende des Zweiten Weltkriegs ihren Glanz verloren. »Zwischen diesen farblos gewordenen

Agnes Muthspiel, um 1955

Fassaden, auf der karg wiedererrichteten Salzachbrücke, die keine Milchglaskandelaber und keine internationalen Weltenbummler mehr trägt, vor diesem Dom mit einer eingestürzten Kuppel – ist hier noch Platz für die liebenswürdigen Kantilenen einstiger Festspiele«, fragte 1947 zweifelnd der Journalist Stephan Lackner und entdeckte: »Neue Experimente werden gewagt. Salzburg ist materiell unvergleichlich ärmer geworden, aber an Hoffnungen reicher.« Hoffnung und Aufbruchstimmung verbreitete vor allem ein Kreis von Musikern, Dichtern und Malern, der sich auf dem Mönchsberg im einfachen Ambiente des mittelalterlichen Abtsturms um die Malerin Agnes Muthspiel (1914–1966) gebildet hatte.
Die Künstlerkolonie, geistig in einem modernen Katholizismus verwurzelt, vereinigte so unterschiedliche Persön-

lichkeiten wie den Komponisten Gottfried von Einem (vgl. S. 53 ff.) und den Bühnenbildner Caspar Neher (1897–1962). Der Maler Karl Moldovan (1918–1977) zählte ebenso zum engsten Kreis wie Carl Orff (1895–1982), dessen *Antigonae* und *De temporum fine comoedia* in Salzburg uraufgeführt wurden, oder der Theologe Otto Mauer (1907–1973), der seine Ideen von einer Verbindung von Kunst und Christentum darlegte. Manchmal brachte Neher seinen Jugendfreund Bertolt Brecht mit, und der Schriftsteller Werner Bergengruen, den Agnes Muthspiel im Krieg kurzzeitig versteckt hatte, war mehrmals zu Gast. Elias Canetti, Helmut Qualtinger und Marcel Marceau besuchten die Mönchsberggruppe, die den kulturellen Aufbruch und Neubeginn im Nachkriegs-Österreich diskutierte.

Den Mittelpunkt des Kreises bildete Agnes Muthspiel, die mit ihrer natürlichen und aufgeschlossenen Art alle faszinierte. Aus einer tiefen Religiosität schöpfte sie eine innere Kraft, die ihrem Wesen eine starke Ausstrahlung verlieh. Im Zweiten Weltkrieg hatte die gebürtige Salzburgerin ihren Mann und ihren Bruder verloren und war als bekennende Christin zur Zwangsarbeit in einer norddeutschen Munitionsfabrik verurteilt worden.

Der Salzburger Dom nach dem Bombenangriff von 1944

Bertolt Brecht und Caspar Neher (re.), 1948

Als sie 1945 nach Salzburg zurückkehrte, baute sie ihr Leben neu auf. Sie begann, sich malend eine heitere Gegenwelt zu schaffen. Neugierig gegenüber den Menschen, öffnete sie ihr Haus für Intellektuelle und ließ sich von den Gesprächen anregen. Bald beschäftigte sie sich mit theologischen Fragen, schrieb Gedichte und wechselte, von Caspar Neher und dem Maler Herbert Breiter ermutigt, zur Ölmalerei. In den Salzburger Stadtansichten fand sie eine unendliche Fülle von Motiven für ihre naiven religiösen Bilder. Mit einem Gespür für Poesie und Farben verklärte sie in ihnen Natur und Sakralarchitektur, die sich in Salzburg einzigartig verbinden. In den fünfziger Jahren entdeckte sie die italienische Insel Panza, die ihr zur zweiten Heimat wurde. Bis zu ihrem 50. Lebensjahr pendelte sie zwischen Salzburg und Italien, wo sie sich am glücklichsten fühlte, hin und her. Nach einem Schlaganfall, den sie 1964 erlitt, konnte sie nicht mehr arbeiten und starb zwei Jahre später an einem Gehirnschlag.

Am Ende dieses Weges wenden Sie sich nach rechts und gehen bergan bis zu einem breiten Wanderweg, in den Sie rechts einbiegen. Von hier ab bleiben Sie auf dem Hauptweg. Bei der nächsten Gabelung halten Sie sich links und stoßen bald bei einem Haus auf eine weitere Gabelung. Rechts kommen Sie zu einer Toreinfahrt mit Wappen, über der die Hausnummern 17, 17a und 17c angebracht sind. Auf der Höhe steht ein verträumtes Schlößchen mit rot-weißen Fensterläden, der sog.

⑰ Constantinturm
Mönchsberg 17

Hier wohnte in der Nachkriegszeit der Komponist Gottfried von Einem (1918–1996). Der Vertreter einer gemäßigten Moderne konnte früh Erfolge verbuchen. Mit 20 Jahren wurde er als Kapellmeister-Korrepetitor an die Berliner Staatsoper verpflichtet, mit 26 Jahren erregte der Schüler von Boris Blacher Aufsehen mit seiner Ballettmusik *Prinzessin Turandot*, und schon drei Jahre später, 1947, begründete die Salzburger Uraufführung der unter dem Eindruck des 20. Juli 1944 komponierten Oper *Dantons Tod* seinen Ruhm. Daraufhin wurde er als Direktoriumsmitglied ins Salzburger Festspielkomitee berufen – eine große Ehre, die ihm aber nach eigenem Bekunden kaum Geld eintrug.

Von Einem spielte in der Nachkriegsgeschichte der Festspiele eine führende Rolle. Vehement setzte er sich für eine

Gottfried von Einem (re.) und Carl Orff am Neptunsbrunnen, 1947

Gottfried von Einem, *Dantons Tod*. Uraufführung, 1947. Dirigent: Ferenc Fricsay. Regie: Oskar Fritz Schuh. Bühnenbild: Caspar Neher

moderne Erneuerung der Festspielidee ein und propagierte Uraufführungen von zeitgenössischen Opern und Schauspielen. Sein enger Freund, der Bühnenbildner Caspar Neher, forderte ihn mit den Worten »sei Du der Schmied« auf, dem Kreis der Avantgardisten im Festspielkomitee die entscheidenden Impulse zu geben. Salzburg solle das »Weimar ... des 20. Jahrhunderts« werden. Um bei den Festspielen neue Akzente zu setzen, engagierte er zahlreiche Künstler. Dabei praktizierte er eine ganz eigene Variante des von Erich Kästner literarisch gestalteten »kleinen Grenzverkehrs«. Seine freundschaftlichen Kontakte zum Chef der CIC Gale Hoffman ausnutzend, ließ er deutsche Musiker, Sänger, Dirigenten und Komponisten über die Grenze bringen, indem sie zum Schein verhaftet wurden. Bisweilen konnte von Einem es sich nicht verkneifen, dem einen oder anderen einen Streich zu spielen. Um Carl Orff »ein bißchen zu ärgern«, weihte er ihn nicht in die »seltsamen Umgehungspraktiken« ein, sondern wartete, bis diesem Handschellen angelegt waren, ehe er den Erschrockenen aufklärte.

Auf legalem Weg dagegen kam Bertolt Brecht nach Salzburg, den von Einem für eine zeitgemäße Bearbeitung des *Jedermann* gewinnen wollte. Das Projekt fand Brechts Interesse, geplant wurde ein *Salzburger Totentanz*. Außerdem hoffte Brecht, auf diesem Weg die österreichische Staatsbürgerschaft zu erlangen. Von Einem unterstützte ihn bei diesem Vorhaben, indem er Brecht anbot, seine Adresse auf dem Mönchsberg als Wohnort bei den Behörden anzugeben. Als der Kommunist Brecht 1950 tatsächlich

die österreichische Staatsbürgerschaft erhielt, war die Empörung im Lande groß. Österreich werde »geistig verbolschewikt«, befürchteten Hysteriker. Man suchte einen Sündenbock und fand ihn in Gottfried von Einem. Die *Salzburger Nachrichten* fragten anklägerisch: »Ob man nicht jetzt doch den Festspielausschuß von Einem oder dem anderen säubern müßte?« Der engagierte, wohl häufig unbequeme Komponist wurde im Zuge dieser Affäre 1951 aus dem Festspieldirektorium ausgeschlossen. In einer stürmischen Sitzung hatte eines der Mitglieder ihn »eine Schande für Österreich« genannt.
Trotz zahlreicher Proteste gegen diesen Rausschmiß kehrte von Einem nicht mehr ins Direktorium zurück, konnte aber als Mitglied des Kunstrats seinen Einfluß weiter durchsetzen. Erst nach dem Aufstieg Herbert von Karajans zum unangefochtenen Herrscher der Festspiele legte von Einem 1962 seine Ämter nieder und zog sich enttäuscht aus Salzburg zurück. Kurz darauf erhielt er eine Professur für Komposition an der Wiener Hochschule für Musik und Darstellende Kunst, ab 1973 widmete er sich ganz dem Komponieren.
Sie folgen dem Hauptweg, sehen links noch den Garten des Constantinturms mit Skulpturen von Pietro Castagna und Fritz Wotruba, während sich rechts bald ein weiteres parkähnliches Anwesen den Hügel hinaufzieht. Oben liegt die

⑱ Villa von Alois Grasmayr Mönchsberg 18

Der Lehrer Alois Grasmayr (1876–1955) war durch die Heirat mit einer Großindustriellentochter zu Geld gekommen und hatte die beiden Hotels *Bristol* und *Stein* sowie die Gasthöfe *Blaue Gans* und *Sternbräu* erworben. Finanziell unabhängig, widmete er

Gäste in der Mönchsberg-Villa von Alois Grasmayr (sitzend, 2. von li.)

sich zwei Leidenschaften: seinen Reisen, die ihn bis nach Ägypten und in den Sudan führten, und der Interpretation von Goethes *Faust*. Seine Forschungsergebnisse sind allerdings nie vollständig veröffentlicht worden, und das, was schließlich dem Publikum vorgelegt wurde, erntete nicht den von Grasmayr erhofften Erfolg.

Der »Faust vom Mönchsberg«, wie ihn ein Freund betitelte, liebte es in den zwanziger Jahren, einen illustren Kreis um sich zu versammeln. Zu den Gästen gehörten Hermann Bahr, Felix Braun, Richard Billinger, Peter Rosegger und Stefan Zweig.

Der Weg, der hier nach dem Salzburger Schriftsteller und Kunsterzieher Ludwig Praehauser (1877–1961) benannt ist, führt Sie zu einer Weggabelung. Sie halten sich links und folgen dem Schild zum Café Winkler. Dort angekommen, bleiben Sie auf dem Hauptweg und haben jetzt einen kleinen Spaziergang vor sich. Bei der nächsten größeren Gabelung folgen Sie rechts dem Schild »Gartenterrasse Apollo«. Bald treten Sie aus dem schattigen Grün, halten sich rechts und steigen leicht bergauf an einer Mauer entlang. Hinter dem Hotel Schloß Mönchstein fällt die Straße ab; hier liegt links hinter einer Hecke eine Villa.

⑲ Leitner-Villa Wohnhaus und Atelier von Anton Faistauer Mönchsberg 27

In dem Vorgängerbau dieser Villa hatte der Maler der Festspielfresken Anton Faistauer (1887–1930) Anfang der zwanziger Jahre seine Wohnung und sein Atelier.

Die schwächliche Konstitution und eine Vorliebe für elegante Kleidung ließen nicht vermuten, daß Faistauer aus ländlichem Milieu stammte. Seine Kindheit verbrachte der Sohn eines gutsituierten Gast- und Landwirts am Zeller See, ehe er nach Wien auf eine private Malschule ging. 1906 wechselte er an die Akademie der Bildenden Künste, die er gemeinsam mit Freunden aus Protest gegen den verstaubten Akademismus 1909 wieder verließ. Anschließende Reisen durch Europa machten Faistauer mit den Werken Tizians, Tintorettos, El Grecos und Cézannes bekannt. Unter deren Einfluß entwickelte er einen eigenen koloristischen Stil, den er bald meisterhaft beherrschte.

Nach dem Ersten Weltkrieg, den Faistauer wegen seiner labilen Gesundheit fernab der Front erlebte, kam er nach Salzburg und gründete mit Felix Albrecht Harta die Künstlergruppe *Wassermann*. Sein *Salzburger Votivaltar*, den er 1919 auf der ersten *Wassermann*-Ausstellung zeigte, beeindruckte die Bewohner des Salzburger Vororts Morzg so sehr, daß sie den Maler 1922 dazu verpflichteten, ihre Pfarrkirche mit einem Deckenfresko auszumalen. Für 2 Liter Milch täglich, 1 kg Butter wöchentlich und eine einmalige Lieferung von Holz, 100 kg Mehl, 100 kg Kartoffeln und 50 kg Obst machte sich Faistauer im Frühsommer 1923 an die Arbeit, Szenen aus dem Marienleben zu freskieren. »Bin Maurer und Malermeister mit dauernden Arm- und Genickschmer-

Anton Faistauer (oben re.) mit seinen Mitarbeitern beim Ausmalen des Festspielhausfoyers mit Fresken, 1926

zen und mit kalkverätzten Augen«, schrieb er an Hermann Bahr. Doch »turne (ich) fröhlich im Kirchenschiff auf und nieder und bin vergnügter und einziger Gast des Herrn ...«
1926 nahm er das Angebot des Architekten Clemens Holzmeister, das Foyer des Salzburger Festspielhauses mit Fresken auszumalen, gerne an, obwohl die Arbeiten auf der 300 qm großen Fläche innerhalb weniger Wochen durchgeführt werden mußten. »... es war kein Gedanke an ein Ende«, schrieb er in Erinnerung an den Druck, unter dem er stand, doch war der letzte Pinselstrich am Eröffnungstag getan. Die Festspielfresken brachten Faistauer internationalen Ruhm, Geld und eine Professur an der Wiener Akademie ein. Seine sakralen und mythologischen Fresken waren nun überall gefragt. Unermüdlich stand er an der Staffelei, entwarf monumentale Bildszenen oder malte Porträts, Stilleben und Landschaften. Er müsse mit seinen Kräften haushalten, hatte Alfred Kubin seinen Freund Faistauer einmal gewarnt. Wie recht er damit hatte, zeigt der überraschende Tod des Malers 1930, einen Tag vor seinem 43. Geburtstag.
Der Weg geht kurvenreich bergab. Nach wenigen Metern nehmen Sie rechts eine Treppe zum Mönchstein-

Panorama-Weg, auf dem Sie sich links weiter stadtauswärts halten. An dem unteren Eingang zum Hotel Mönchstein vorbei führt der kleine Pfad wieder auf die asphaltierte Straße. Sie folgen dieser durch zwei Torbögen und verlassen sie wieder, um rechts über eine Treppe den Weg abzukürzen. Vorbei an der Mauer der Stadtpfarrkirche Mölln kommen Sie über eine weitere Treppe auf die kopfsteingepflasterte Augustinergasse. Schräg links sehen Sie den Eingang zum

Carl Zuckmayer

⑳ Augustiner Bräustübl

Schon in den zwanziger und dreißiger Jahren hockte hier »von den Professoren des Mozarteums bis zu den Handlungsgehilfen der Getreidegasse ... klassenlos alles Backe an Backe beieinander«, erinnert sich **Carl Zuckmayer** (1896–1977). Der Schriftsteller, der seit 1926 im nahen Henndorf lebte, lud seine Gäste gerne hierher ein. Einer von ihnen war der berühmte Charakterkomiker **Max Pallenberg** (1877–1934), der sich im Sommer 1933 zu Proben für Reinhardts legendäre *Faust*-Inszenierung in Salzburg aufhielt. Der Jude Pallenberg sollte den Mephisto spielen. Diese Rollenbesetzung entfesselte einen Sturm der Entrüstung in Hitler-Deutschland und wurde als Angriff auf das Allerheiligste deutscher Kulturgüter begriffen. Die antisemitische Hetze in der deutschen Presse belastete die Festspielatmosphäre.

In dieser aufgeheizten Stimmung führte Zuckmayer Pallenberg ins Augustiner Bräustübl, nicht ahnend, daß die bierselige Gemütlichkeit den ohnehin gereizten Schauspieler provozieren könne. Kaum standen Bier und Leberkäse vor ihnen, als Pallenberg auf den Tisch sprang, sich seine Haare auf die Seite und in die Stirn kämmte und mit zwei Fingern einen Oberlippenbart andeutete. »›Salzbürger und Salzbürgerinnen‹, begann er mit der sonor kreischenden Stimme, die damals jeder aus dem Radio kannte«, und ließ eine »wahnwitzig ins Absurde hochpulverisierte Improvisation einer Hitlerrede« folgen. Zuckmayer stockte das Blut in den Adern. Er rechnete damit, daß sich eine wütende Masse auf seinen Gast stürzen werde, doch nichts geschah. Die einen brummten verärgert, andere lachten, die meisten glotzten nur. Von der fehlenden Wirkung enttäuscht, gleichzeitig aber auch erleichtert, beendete Pallenberg

seine Einlage und machte sich über den Leberkäse her. Er gab sich ebenso wie Zuckmayer der trügerischen Hoffnung hin, die Österreicher seien eben doch keine Deutschen, sondern wollten ihre Ruhe haben.
Keine fünf Jahre später begann der Exodus. Zuckmayer mußte Österreich 1938 unter Lebensgefahr verlassen und sah seinen Henndorfer Besitz nicht wieder. Pallenberg blieb es erspart, diese finstere Stunde zu erleben. Der begeisterte Flieger starb 1934 bei einem Flugzeugabsturz.
Sie gehen bergab bis zur vielbefahrenen Müllner Hauptstraße, halten sich dort links und stehen unmittelbar vor dem

Max Pallenberg als Mephisto in Goethes *Faust*, 1935

㉑ Wohnhaus von Franz Stelzhamer Müllner Hauptstraße 17

Der heute fast vergessene Mundartdichter Peter Andreas Xaver Franz Stelzhamer (1802–1874), der im 19. Jahrhundert als »glücklicher Volksdichter« gefeiert wurde, war ein eigensinniger Mensch. Wenn es nach dem Vater, einem biederen Bauern im Innviertel, gegangen wäre, hätte er in den geistlichen Stand eintreten müssen. Diese Bestimmung widerstrebte aber dem jungen Stelzhamer. Nach Abschluß des Gymnasiums in Salzburg nahm er lustlos verschiedene Studien auf, brach sie aber allesamt nach kurzer Zeit wieder ab, bis er sich 1836 für ein Wanderleben entschied. Er kaufte sich eine Zither und zog singend von Dorf zu Dorf.
Damals entstanden seine ersten Dichtungen, die – von einem Freund vertont – in handschriftlicher Kopie von Hand zu Hand gingen und schnell als Geheimtip gehandelt wurden. Nachdem ein Wiener Verleger sie 1837 mit großem Erfolg publiziert hatte, war der vagabundierende Sänger plötzlich überall gefragt. Als »Piesenhamer Franz« trug er selbst dem König von Preußen seine Mundartdichtungen vor, in denen er das bäuerliche Leben mit viel Humor und derbem Witz beschrieb.
Mit 50 Jahren ließ der innerlich Rastlose sich endlich nieder und bezog 1852 hier, an der Müllner Hauptstraße, mit seiner Frau eine Wohnung. Er wurde in der Stadt hoch verehrt, und es mochte ihm schmeicheln, daß er zur Einweihung der Karolinen-

Franz Stelzhamer

brücke im Beisein der Kaiserin Caroline Auguste den Festgruß dichten durfte. Als seine Frau 1856 überraschend starb, nahm er sein früheres Wanderleben wieder auf. Da er dazu neigte, großzügig auszugeben, was er in der Tasche hatte, blieben ihm finanzielle Nöte nicht erspart. Freunde setzten schließlich bei der Regierung durch, daß dem 60jährigen eine Künstlerpension bewilligt wurde.
Seine letzten Lebensjahre verbrachte Stelzhamer in Henndorf. Wer ihn dort besuchte, traf auf einen Menschen mit einem übersteigerten Selbstbewußtsein, den der Ruhm arrogant und hochfahrend hatte werden lassen. Als er sich einmal über den Bayernkönig Ludwig I. ärgerte, soll er gesagt haben: »Könige gibt es mehr, Stelzhamer nur Einen!« Hermann Bahr hat dem selbsternannten Dichterfürsten mit seinem Drama *Der Franzl* ein Denkmal gesetzt.
Sie gehen die Müllner Hauptstraße noch ein Stück weiter stadtauswärts bis zum

㉒ Geburtshaus von Joseph Ignaz Assmayr Müllner Hauptstraße 29

Der Musiker und Komponist Joseph Ignaz Assmayr (1790–1862) war Schüler von Michael Haydn und wurde bereits als 18jähriger Organist von St. Peter. 1815 ging er nach Wien, nahm Unterricht bei Mozarts hartnäckigem Widersacher Antonio Salieri und wurde Mitglied der Kaiserlichen Hofkapelle. Assmayr komponierte vor allem geistliche Werke und machte sich als Lehrer, u. a. von Anton Bruckner, einen Namen. Der

Ignaz Assmayr, Stich von Josef Kriehuber, 1841

Freund von Franz Schubert übernahm 1846 die Hofkapellmeisterstelle in Wien, wo er 16 Jahre später starb. St. Peter in Salzburg blieb er zeitlebens verbunden und widmete den Benediktinern mehrere seiner Kompositionen. *Auf der gegenüberliegenden Straßenseite führt das kleine Bärengäßchen am Almkanal entlang. Die Gasse mündet wieder auf die Müllner Hauptstraße, der Sie links ein kurzes Stück folgen. Dann gehen Sie wiederum links über eine Treppe hinab zur Salzach. Auf der Fußgängerpromenade wenden Sie sich nach rechts Richtung Stadtmitte. Nach etwa 300 Metern führt rechts ein Weg zurück auf die Hauptstraße und zur Markuskirche. Sie halten sich weiter stadteinwärts und kommen bald durch ein Stadttor auf den Museumsplatz mit dem Salzburger Museum Carolino Augusteum. Im zweiten und dritten Stock des Gebäudes befand sich am Ende des letzten Jahrhunderts die*

㉓ Ehemalige Staatsgewerbeschule Museumsplatz 1–6

1890/91 ging hier ein Schüler ein und aus, der vor allem im Freihandzeichnen so schlechte Noten erhielt, daß er die Schule ohne Abschluß verlassen mußte. Niemand hätte damals geahnt, daß aus dem schmächtigen, verstockten Jungen eines Tages der berühmte Zeichner **Alfred Kubin** (1877–1959) werden sollte. Der Schriftsteller Max Dauthendey bezeichnete ihn als »Herrn der Dämonen« und meinte, seiner Kunst sei es zu verdanken, daß das Fürchten nicht aussterbe. »Ich bin der Organisator des Ungewissen, Zwitterhaften, Dämmrigen und Traumartigen«, schrieb Kubin über sich selbst. Wie der zehn Jahre jüngere Trakl bannte er Lebensekel und Weltbedrohung in seinen Traum- und Alptraumlandschaften. Einige seiner unheimlichen Szenarien gehen auf Eindrücke aus seiner Salzburger Kindheit zurück.

Alfred Kubin

Mit drei Jahren kam der Sohn eines k. u. k. Beamten und einer Pianistin aus Böhmen nach Salzburg, wo er mit seinen Eltern für zwei Jahre vor dem Linzer Tor in der Schallmooser Landstraße wohnte. Eine seiner frühesten Erinnerungen war eine Rauferei, die er vom Fenster der Wohnung am Abend auf der Straße beobachtete. »Dunkle, wie vermummte Gestalten fielen übereinander her, und schließlich lief der Haufen heulend davon, in der Lache aber blieb ein Toter liegen...«, schrieb er in seinen Erinnerungen *Aus meinem Leben*. Als er zehn Jahre alt war – mittlerweile lebte die Familie in Zell am See –, starb die Mutter in Gegenwart des Sohnes an Tuberkulose. Der Vater schickte ihn kurz darauf nach Salzburg aufs Gymnasium, doch Alfred Kubin, dem schon die Dorfschule verhaßt war, mußte die Schule wegen mangelnder Leistungen nach zwei Jahren abbrechen. Zurück in Zell am See, bekam er die Enttäuschung des Vaters bitter zu spüren, wurde beschimpft und geschlagen und fühlte sich als »Schandfleck der Familie«. Das unglückliche Kind trieb sich nun gerne auf Märkten und Schlachthöfen herum, beobachtete mit einem »dämonischen Lustgefühl« Tumulte und Schlägereien und freundete sich mit einem Totengräber an, der verweste Wasserleichen aus dem See zog. Da er seit seiner Kindheit seine Angstphantasien zu Papier brachte, kam dem Vater die Idee, sein Sohn könne Stukkateur oder Holzschnitzer werden. 1891 schickte er ihn auf die Staatsgewerbeschule in Salzburg, wo der Junge erneut »versagte«. Kubin verließ Salzburg, die Stadt seines Scheiterns, nun endgültig. Im Alter, nunmehr ein anerkannter Künstler, bekannte er, im »liebevollen Verkehr mit den Schatten des einst Gewesenen« den unerschöpflichen Stoff für seine Traumwelten zu finden. Salzburg spiele darin eine große Rolle. Es »ist eine wundervolle alte Stadt, und die Bauten ... gehören zum dauernden Inhalt meiner Träume«, heißt es verklärend in seinen Erinnerungen.

Vom Museumsplatz zweigt links die Griesgasse ab, die Sie auf der linken Straßenseite entlanggehen bis zum

㉔ Geburtshaus von Irma von Troll-Borostyáni Griesgasse 4

Wer am Ende des letzten Jahrhunderts als Frau kurze Haare und Sakkos trug, in der Öffentlichkeit Zigarren rauchte, auf Berge stieg, in Seen schwamm und abends Tarock spielte, mußte der guten Gesellschaft einer kleinen Stadt nicht ganz geheuer sein. Wer aber auch noch dem *Salzburger Freidenkerverein* angehörte und Bücher über die Gleichstellung der Frau schrieb, war hier zumindest der Ketzerei verdächtig. All dies traf auf Irma von Troll-Borostyáni (1847–1912), die »ungeliebte Tochter Salzburgs«, zu.

Schon als Jugendliche erregte sie durch ihr extravagantes Auftreten Anstoß. Die strenge katholische Erziehung an der Klosterschule Nonnberg hatte sie zunächst in tiefe religiöse Zweifel gestürzt, die in Rebellion umschlugen. Sie verspürte einen starken

Irma von Troll-Borostyáni

Freiheitsdrang, der sich an der geistigen Enge Salzburgs rieb. Mit Anfang Zwanzig floh sie nach Wien und später nach Budapest, wo sie in politisch engagierten Zirkeln verkehrte und sich journalistisch betätigte. 1878 erschien ihr erstes Buch *Die Mission unseres Jahrhunderts. Eine Studie über die Frauenfrage*, in dem sie sich gegen die festgefahrene Rolle der Frau als Ehegattin und Mutter aussprach und die Gleichstellung der Geschlechter forderte. Diese Positionen stießen in Österreich auf heftigen Protest, ihr zweites Buch *Im freien Reich* wollte kein deutscher und kein österreichischer Verlag mehr veröffentlichen.

Als ihre Mutter schwer erkrankte, kehrte sie in ihre Geburtsstadt zurück und bezog mit zwei Freundinnen, den Schwestern Baumgartner, und ihrer Schwester Wilhelmine eine Wohnung im Stadtteil Riedenburg. Neben Schriften gegen die Unterdrückung der Frau schrieb sie nun sozialkritische Novellen, Romane und Erzählungen, mit denen sie sich notdürftig über Wasser hielt. Leidenschaftlich plädierte sie für eine humanere Gesellschaft. Während Wilhelmine die »Offenheit und Treue ihrer Gesinnung, den unerschütterlichen Mut ... und ihre tiefe Liebe zu allen Entrechteten, Verachteten und Enterbten« bewunderte, feindete die Öffentlichkeit sie an. Man ging ihr aus dem Weg, und nur dort, wo sich die Außenseiter trafen – etwa in der *Literatur- und Kunstgesellschaft Pan* –, galt die 50jährige mit ihrem Witz und Wissen als heimliche Autorität. Ihr Freundeskreis war klein und schmolz immer mehr zusammen, je älter sie wurde. Irma von Troll-Borostyáni starb in Salzburg vereinsamt im Februar 1912.

Sie gehen die Griesgasse auf der gegenüberliegenden Straßenseite ein Stück stadteinwärts und verlassen die verkehrsreiche Straße bei nächster Gelegenheit rechts durch ein Gäßchen, das auf die Getreidegasse führt. Über diese belebte Einkaufsstraße bummeln Sie zurück in die Altstadt.

Aufgang zum Kapuzinerberg

Dritter Spaziergang
»Wo sich schmale Häuschen an die Felswand schmiegen«
Von der Salzach auf den Kapuzinerberg

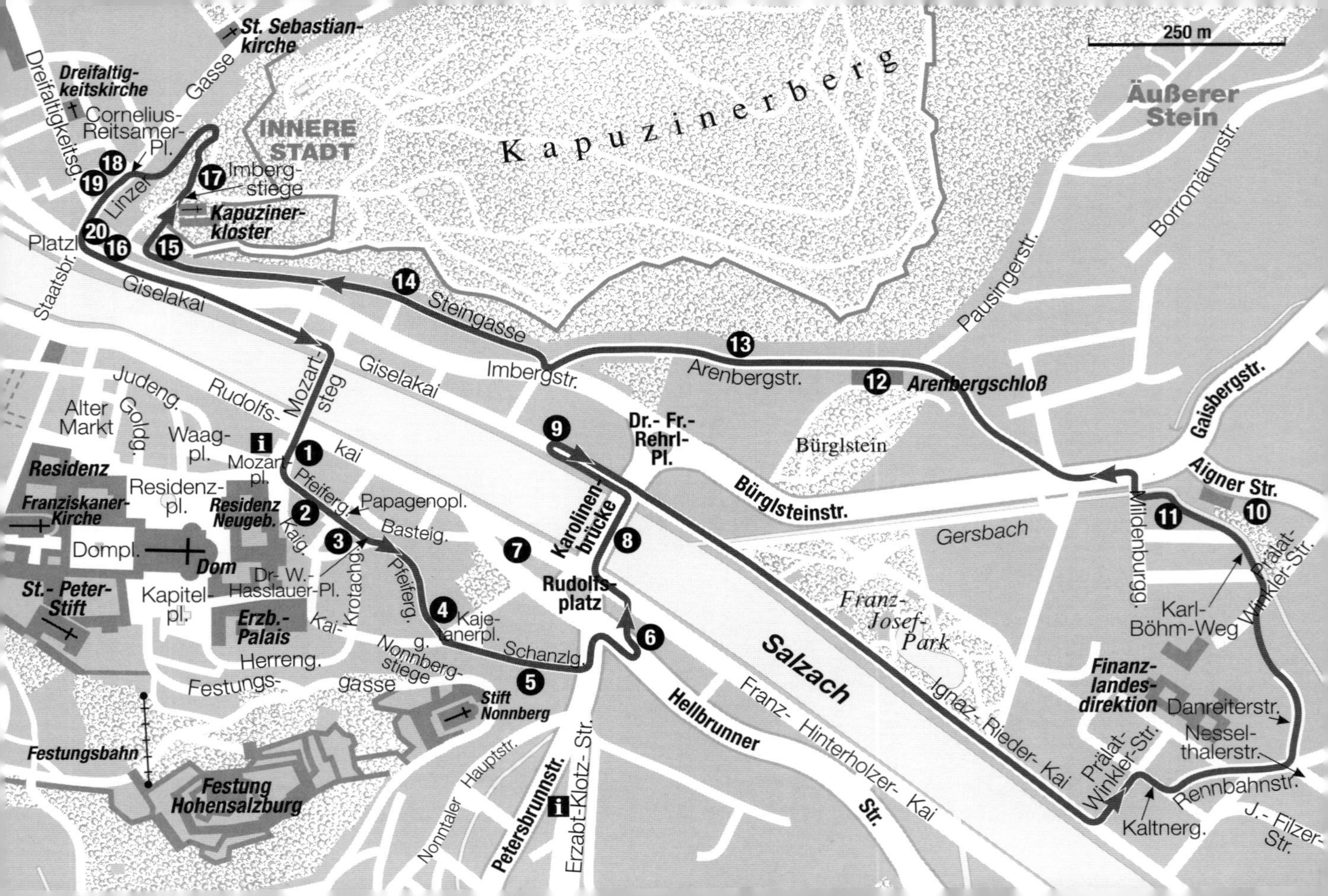
250 m
Kapuzinerberg
INNERE STADT
Äußerer Stein
St. Sebastian-kirche
Dreifaltig-keitskirche
Dreifaltigkeitsg.
Gasse
Cornelius-Reitsamer-Pl.
Linzer
Imberg-stiege
Kapuziner-kloster
Platzl
Staatsbr.
Giselakai
Steingasse
Borromäumstr.
Pausingerstr.
Imbergstr.
Arenbergstr.
Arenbergschloß
Gaisbergstr.
Aigner Str.
Mozart-steg
Judeng.
Rudolfs-kai
Alter Markt
Goldg.
Waag-pl.
Mozart-pl.
Residenz
Residenz-pl.
Franziskaner-Kirche
Residenz Neugeb.
Dompl.
Dom
St.- Peter-Stift
Kapitel-pl.
Dr.-W.-Hasslauer-Pl.
Kaig.
Pfeiferg.
Papagenopl.
Basteig.
Krotachg.
Erzb.-Palais
Kai-g.
Kaje-tanerpl.
Herreng.
Festungs-gasse
Nonnberg-stiege
Schanzlg.
Stift Nonnberg
Festungsbahn
Festung Hohensalzburg
Nonntaler Hauptstr.
Petersbrunnstr.
Erzabt-Klotz- Str.
Rudolfs-platz
Karolinen-brücke
Dr.- Fr.-Rehrl-Pl.
Bürglstein
Bürglsteinstr.
Gersbach
Mildenburgg.
Karl-Böhm-Weg
Prälat-Winkler-Str.
Franz-Josef-Park
Salzach
Hellbrunner Str.
Franz- Hinterholzer- Kai
Ignaz- Rieder- Kai
Finanz-landes-direktion
Danreiterstr.
Nessel-thalerstr.
Rennbahnstr.
Kaltnerg.
J.- Filzer-Str.
1
2
3
4
5
6
7
8
9
10
11
12
13
14
15
16
17
18
19
20

Abseits der Touristenströme führt der Spaziergang durch die Altstadt zur Salzach, von dort hinauf zum Bürglstein und auf den Kapuzinerberg und schließlich wieder hinab in die Altstadt. Zwei literarische Salons und eine Künstlergruppe werden Sie auf diesem Weg kennenlernen sowie bedeutende Musiker und zu Unrecht vergessene Literaten.
Der Spaziergang beginnt am Mozartplatz, den die lange Front eines herrschaftlichen Gebäudes nach Osten abschließt. Ganz links finden Sie das

❶ Wohnhaus von Constanze Nissen und ihren Schwestern Mozartplatz 8

Der Ruf von Constanze Mozart (1762–1842) ist denkbar schlecht. Obwohl kein Selbstzeugnis aus der Zeit ihrer Ehe mit Mozart überliefert ist und auch Nachrichten anderer so gut wie fehlen, fällen Mozart-Biographen einhellig ihr Urteil: Triebhaft und niveaulos sei sie gewesen, unmusikalisch, schlampig, geldgierig, verzogen, kurz, von »bestürzender Banalität«, wie Wolfgang Hildesheimer meinte. Sie habe sich in Baden in der Kur amüsiert, Krankheiten vorspielend, während Mozart sie am Ende seines Lebens mehr als irgend jemand anderen gebraucht hätte. Überhaupt habe Mozart sie nur aus Verlegenheit geheiratet. Die überlieferten Briefe Mozarts an Constanze sprechen jedoch eine andere Sprache. »Stanzerl«, »Spitzignas« und »liebstes, bestes Weibchen« nannte er sie und ließ keinen Zweifel daran, daß er sie liebte. Constanze Weber entstammte einer hochmusikalischen Familie. Ihr Vater Fridolin Weber war Sänger und Notenkopist, ihre Schwester Aloysia eine der begehrtesten Operndiven ihrer Zeit und ihr Cousin kein Geringerer als Carl Maria von Weber. Constanze genoß eine solide musikalische Ausbildung und erhielt vermutlich Klavier- und Gesangsunterricht von Mozart, als dieser sich in Mannheim aufhielt, hoffnungslos Aloysia Weber verfallen. Ein gutes Ende zwischen den beiden gab es nicht. 1781 traf Constanze, mittlerweile mit ihrer Familie in Wien ansässig, Mozart wieder, im Jahr darauf waren sie verheiratet, obgleich Mozart noch wenige Wochen vor der Trauung seinem Vater gegenüber behauptet hatte: »gott hat mir mein talent nicht gegeben, damit ich es an eine frau henke...«

Die Ehe war glücklich, obwohl Leopold Mozart sie nicht gern sah. Zunächst wohnten sie in Wien beinahe herrschaftlich, richteten verrückte Feste und kleine Opernproben aus, bei denen Joseph Haydn öfter zu Gast war. Später lebten sie in beengten Verhältnissen, an Einladungen war nicht mehr zu denken. Während ihrer neunjährigen Ehe brachte Constanze sechs Kinder zur Welt, von denen nur zwei das Säuglingsalter überlebten. Nach dem Tod Mozarts stellte Constanze ihr weiteres Leben uneingeschränkt in den Dienst ihres verstorbenen Mannes. 1795 reiste sie gemeinsam mit ihrer Schwester Aloysia – der ersten großen Mozart-Interpretin – durch Deutschland und gab Konzerte, bei

Constanze Mozart. Ölbild von Hans Hansen, 1802

denen nur Mozartsche Kompositionen auf dem Programm standen. Zurück von dieser Tournee, die die Nachwelt kontrovers als Pilger- oder Geschäftsreise beurteilte, lernte sie ihren späteren Mann, den dänischen Staatsrat Georg Nikolaus von Nissen kennen, mit dem sie seit 1821 in Salzburg lebte.

Nach dessen Tod zog sie in eine Wohnung in diesem Haus, wo sie auch gestorben ist. Ihre einst berühmte, im Alter verarmte Schwester Aloysia Lange verbrachte die letzten Lebensjahre ebenso bei ihr wie ihre jüngere Schwester Sophie Haibl, die am Sterbebett Mozarts gewacht hatte. Noch kurz vor ihrem Tod soll Constanze »rüstig« und »wohlaussehend« gewesen sein, befand einer ihrer zahlreichen Gäste, der Komponist der *Lustigen Weiber von Windsor*, Otto Nicolai.

Sie gehen am Gebäude rechts entlang bis zur Straßenecke und biegen links in die enge Pfeifergasse ein. Nach wenigen Metern sehen Sie auf der rechten Seite das

❷ Wohnhaus von Sebastian Stief Pfeifergasse 4

Der Biedermeiermaler Sebastian Stief (1811–1889) verbrachte seine Jugend in München, wo er an der Kunstakademie von Peter Cornelius und Julius Schnorr von Carolsfeld ausgebildet wurde und sich auf Bildnisse *en miniature* mit dem Silberstift spezialisierte. Als Stief eine Spielzeugfabrik erbte, widmete er sich nur noch dem Unternehmen, das er aber nach einiger Zeit wegen zu starker Konkurrenz aufgab. Mittlerweile mit einer Salzburgerin verheiratet, zog er 1838 an die Salzach und begann wieder zu malen. Seine Bilder waren sehr gefragt, Domherren, weltliche Honoratioren und selbst der Erzbischof und die Äbtissin vom Nonnberg bestellten Porträts bei ihm. Außerdem malte er Historienbilder, Genrestücke, Landschaften und Altarbilder, die in zahlreichen Kirchen in und um Salzburg zu sehen sind.

Sebastian Stief, Selbstbildnis, um 1865

Sie folgen der Pfeifergasse über den Papagenoplatz bis zum Dr.-Wilfried-Hasslauer-Platz. Rechts steht ein Haus mit einem vorspringenden Erker.

❸ Wohnhaus von Paul Hofhaimer Pfeifergasse 18

Paul Hofhaimer (1459–1537) war der gefeiertste Orgelvirtuose seiner Zeit. »Er ist so unendlich mannigfach«, schrieb einer seiner Schüler, »daß man ihn Jahre lang spielen hören kann und sich nicht so sehr wundert, woher der Ozean alle Flüsse speist, als woher jener alle seine Weisen nimmt.« Der Hoforganist Maximilians I. reiste mit dem kaiserlichen Hof durch Europa. Wohin er kam, mußte er Konzerte geben und Orgeln begutachten – so auch 1505, als er die neue Orgel von St. Peter prüfte. Der Abt war von dem Spiel Hofhaimers so angetan, daß er ihn »König der Organisten« nannte. Maximilian I. begnügte sich nicht nur mit hymnischem Lob, sondern erhob den Musiker in den Adelsstand.

1521 kam Hofhaimer nach Salzburg und trat in die Dienste des Erzbischofs Matthäus Lang. Er erwarb das Haus in der Pfeifergasse, das er mit der letzten seiner vier oder fünf Ehefrauen bezog. Vorübergehend war der Wundarzt Paracelsus (vgl. S. 87f.) sein Nachbar, der schräg gegenüber in der Pfeifergasse 11 eine Praxis unterhielt. Auch er zählte zu den Bewunderern des Musikers und meinte: »Was der Hofhaimer auf der Orgel, ist der Dürer auf der Malerei.« Der Organist, der gleichzeitig auch komponierte, beschäftigte sich im Alter mit der Vertonung der Oden von Horaz, konnte diese Arbeit aber nicht mehr vollenden. Er starb 1537 und wurde auf dem Friedhof von St. Peter beigesetzt.

Links setzt sich die Pfeifergasse fort und endet auf dem Kajetanerplatz. Schauen Sie vom Platz zurück, sehen Sie die eindrucksvolle Fassade vom

❹ Spital der Barmherzigen Brüder Kajetanerplatz

Hier starb 1967 der Journalist und Schriftsteller **Heinrich Eduard Jacob** (1889–1967), der unter dem Pseudonym Eric-Jens Petersen oder Henry Jacob veröffentlichte. Nach dem Studium als Journalist in Berlin tätig, leitete der Sohn eines jüdischen Bankdirektors von 1927 bis 1933 das *Berliner Tageblatt* in Wien. Sein expressionistisch gefärbtes Frühwerk, das sich mit zeitgeschichtlichen und historischen Themen auseinandersetzt, landete auf den Scheiterhaufen der

Heinrich Eduard und Dora Jacob, 1953

Bücherverbrennung. 1935 wurde Jacob verhaftet, kurz vor dem Einmarsch der Deutschen in Wien 1938 entlassen, vier Wochen später aber erneut festgenommen und in Dachau und Buchenwald inhaftiert. Von dort wurde er auf internationalen Druck hin 1939 freigelassen. Jacob gelang die Flucht über England in die USA, wo er wie viele Emigranten keine Wurzeln schlagen konnte. Nach dem Krieg lebte der Kosmopolit, der sich dem abendländischen Humanismus verpflichtet fühlte, »unbehaust« in Salzburg und verschiedenen Metropolen.
Sie überqueren den Kajetanerplatz und stoßen auf die Schanzlgasse. Eine steile Auffahrt endet am Eingang des Hauses Nr. 14.

Alexander von Humboldt, Zeichnung von François Gérard, 1795

❺ Logis von Alexander von Humboldt Schanzlgasse 14

Alexander von Humboldt (1769–1859) kam im Oktober 1797 nach Salzburg und blieb bis zum Frühjahr 1798. Der Naturforscher nahm hier Messungen der Luft vor, bestimmte die Polhöhe der Stadt und bestieg mit seinem Freund Leopold von Buch den Gaisberg. Salzburg und Umgebung beeindruckten ihn. »Die Gegenden von Salzburg, Neapel und Konstantinopel halte ich für die schönsten der Erde«, bekannte er 1804 in einem Brief an den Salzburger Bergrat Matthias Mielichhofer – ein beachtenswertes Lob von einem Weltreisenden.
Die Schanzlgasse stößt auf die Nonntaler Hauptstraße, die Sie links am Justizgebäude entlanggehen. An der Ampel wechseln Sie die Straßenseite und kommen in die Hellbrunner Straße. Schräg gegenüber liegt eine Villa aus der Zeit der Jahrhundertwende, das

❻ Künstlerhaus Hellbrunner Straße 3

Das Künstlerhaus wurde 1884 von dem 40 Jahre vorher gegründeten Salzburger Kunstverein errichtet, der mit Ausstellungen und Jahresgaben »die Kunstliebe ... erwecken und den Kunstsinn ... bilden« wollte. Lange blieben die Aktivitäten des Kunstvereins von lokaler Bedeutung, ehe das Künstlerhaus nach dem Ersten Weltkrieg kurz im Brennpunkt eines breiten künstlerischen Interesses stand.

Von der Aufbruchstimmung des Kriegsendes getragen, wollten die Maler Anton Faistauer und Felix Albrecht Harta (1884–1967) den Geist der Kultur in eine glücklose Welt tragen und das politisch unbelastete Salzburg zum Hoffnungsträger für ein besseres Europa erheben. Sie gewannen einen Kreis von Malern, Musikern und Schriftstellern, der sich 1918 zur Gruppe *Wassermann* zusammenschloß. Der Name stammte von dem Schriftsteller Oskar A. H. Schmitz und sollte wie das Sternzeichen den Sieg des Geistes symbolisieren. Zur Vereinigung gehörte eine Abteilung für bildende Kunst unter Harta und eine graphische Gruppe unter Kubin. Anfangs leiteten außerdem Stefan Zweig eine literarische Abteilung und Bernhard Paumgartner eine musikalische.

Die »Wassermänner« wollten Salzburg aus der provinziellen Enge befreien und zur »Brücke zwischen Österreich und Deutschland«, mehr noch zum »Mittelpunkt Europas« machen. Zur ersten *Wassermann*-Ausstellung 1919 schrieb Josef Mühlmann: »Salzburg hat vor dem Kriege seinen Ruhm gesucht durch Erzeugen von gutem Bier und Bräustübeln. Der Krieg hat das Bier versaut, die Stübel geschlossen, die Köpfe ernüchtert. Die geistige Jugend der Stadt träumt von einer europäischen Kulturstätte, von einem geistigen Sammelpunkt. Sollen die Träume wahr werden, darf das Salzburg nach dem Kriege nicht mehr die Stadt der Bier- und Kunstphilister werden.« Die Euphorie der ersten Stunde verlor sich allerdings bald. Interne Zankereien führten dazu, daß sich die Mitglieder der Gruppe 1921 trennten.

Der Kunstverein erreichte seitdem keine vergleichbare Bedeutung mehr. 1938 lösten die Nationalsozialisten ihn auf, am Ende des Zweiten Weltkriegs dienten die Räume sogar als Warenlager. Seit 1951 werden sie wieder vom Kunstverein, der hier mehrere Ateliers unterhält, für Einzelausstellungen genutzt.

Links vom Künstlerhaus führt ein Fußweg zur Salzach. Dort wenden Sie sich nach links und gehen unter der Karolinenbrücke hindurch auf den Rudolfskai. Gleich links sehen Sie eine herrschaftliche Villa, das

❼ Wohnhaus von Gilbert Schuchter Rudolfskai 54

Der gebürtige Salzburger Gilbert Schuchter (1919–1989), der am Mozarteum, in Wien und Berlin seine Klavierausbildung erhielt, feierte Anfang der vierziger Jahre als Konzertpianist unter Eugen Jochum erste Erfolge. Am Ende des Kriegs kehrte er nach Salzburg zurück und übernahm das Amt des Kapellmeisters am Landestheater. In seinem Haus am Rudolfskai traf sich damals alles, was in der Musikwelt Rang und Namen hatte: Hans Pfitzner, Wilhelm Furtwängler, Eugen Jochum und Herbert von Karajan. Bis 1957 blieb Schuchter am Landestheater, anschließend leitete er eine Klavierklasse am Mozarteum. Vor allem seine Schubert-Interpretationen machten ihn berühmt.

Sie gehen nun auf die

Gilbert Schuchter, 1964

⑧ Karolinenbrücke

Die Karolinenbrücke wurde 1858 feierlich in Gegenwart ihrer Namensgeberin, der Habsburger Kaiserinwitwe **Caroline Auguste** (1792–1873), eingeweiht. Nach dem Tod von Kaiser Franz I. 1835 war Caroline Auguste Intrigen zum Opfer gefallen und lebte, um den Demütigungen am Wiener Hof zu entkommen, seit 1848 in den Sommermonaten in Salzburg. Sie nahm in der verödeten Residenz Wohnung, umgab sich mit einem angemessenen Hofstaat, ließ sich mit der Sänfte auf die Salzburger Hausberge tragen und förderte das kulturelle und soziale Leben der verschlafenen Stadt nachhaltig. Da ihr besonders an der Erziehung verwaister und armer Kinder gelegen war, stiftete sie Waisenhäuser, richtete »Kinderbewahranstalten« und Freiplätze für mittellose Kinder und Jugendliche in Schulen ein und legte damit das Fundament für eine Sozialfürsorge. Ihr Geld floß in die Restaurierung zahlreicher Kirchen und Altäre, außerdem engagierte sie sich als Patronin für das eben gegründete Salzburger Museum, das nach ihr *Museum Carolino Augusteum* benannt wurde. Beinahe ein Vierteljahrhundert war sie die »heimliche Regentin« der Stadt.

Auf der anderen Salzachseite halten Sie sich links und laufen auf der Uferpromenade des Giselakais bis zum

❾ Wohnhaus von Alja Rachmanova Giselakai 41

In den dreißiger Jahren zählte Alja Rachmanova (1898–1991) zu den meistgelesenen Autorinnen Europas, heute ist ihr Name selbst in Salzburg vergessen. Obwohl die Russin fast 22 Jahre an der Salzach lebte, fühlte sie sich zeitlebens heimatlos, vertrieben und fremd. Nur am Schreibtisch und in ihren Tag- und Nachtträumen konnte sie dorthin zurückkehren, wo sie ihr Herz und ihre Seele zurückgelassen hatte: in ihre russische Heimat. Die Tochter eines Arztes aus Kallinsk im Ural hatte Rußand 1925 gemeinsam mit ihrem Mann, einem gebürtigen Salzburger, und ihrem Sohn als Opfer der politischen Säuberungswelle verlassen müssen. Nach zwei entbehrungsreichen Jahren in Wien kam die Flüchtlingsfamilie 1927 nach Salzburg, wo sie zunächst im Stadtteil Maxglan eine ärmliche Wohnung bezog. »Ein Bett, ein Tisch, zwei Stühle und auf dem Boden ein russischer Pelz als zweites Lager«, das war alles, was sie besaßen. Alja Rachmanova fühlte sich dennoch an der Salzach wohl. »Hier ... (ist) alles verklärt durch die Poesie einer sonnigen Kultur«, schwärmte sie. Sie fand die Ruhe, ihre Tagebücher, in denen sie die Ereignisse der Oktoberrevolution und der darauffolgenden Jahre aus der Perspektive der Verfolgten festgehalten hatte, literarisch aufzuarbeiten. 1931 erschien ihr erstes Buch *Studenten, Liebe, Tscheka und Tod* und wurde auf Anhieb ein Publikumserfolg. Zwei weitere Bände rundeten die Trilogie

Alja Rachmanova

ab, die in mehr als 20 Sprachen übersetzt wurde. Vor allem ihre bisweilen ins Triviale gehenden Schilderungen des menschlichen Elends in Rußland und in Wien rührten ihre Leserschaft. Über Nacht war aus der armen Emigrantin eine stadtbekannte, wie ein »weißer Elephant« beäugte Berühmtheit geworden.

Mit gemischten Gefühlen beobachtete sie, wie die Nazis bei Ausbruch des Kriegs ihre Schriften neu auflegten und als »Propagandamittel« gegen den russischen Feind einsetzten. Als noch schlimmer empfand sie es, daß ihr Sohn Jurka, den sie im russischen Geist erzogen hatte, an die Ostfront geschickt wurde. Seinen Tod 1945 verwand sie nie. Aus Angst vor einer russischen Besetzung flüchtete sie damals in die Schweiz, wo sie ihr letztes

Exil fand. Sie lebte zurückgezogen in Ettenhausen und schrieb Biographien. Nach dem Tod ihres Mannes 1970 wurde sie zunehmend wunderlich in ihrem von Hunden, Katzen und Vögeln bevölkerten Haus. 1991 starb sie im Alter von 93 Jahren von aller Welt vergessen, ohne Rußland wiedergesehen zu haben.

Sie kehren um und folgen dem Giselakai, der Sie zum Ignaz-Rieder-Kai bringt. Am Ende des Kais wechseln Sie die Straßenseite und gehen am Franz-Josef-Park entlang, bis Sie an dessen Ende erneut die Straßenseite wechseln. Bei der ersten Möglichkeit biegen Sie links in die Prälat-Winkler-Straße ein. Rechts geht die Kaltnergasse ab, die sofort links in die Rennbahnstraße übergeht. An der Gabelung Rennbahnstraße, Nesselthaler- und Danreitergasse biegen Sie links in die Danreitergasse ein. An deren Ende liegt die Finanzlandesdirektion, an der Sie rechts auf einem Weg vorbeigeführt werden. Er mündet auf eine Straße, die Sie überqueren, um auf den Karl-Böhm-Weg zu kommen, der links von der Brücke zu einem kleinen Bach hinabführt. Auf der gegenüberliegenden Bachseite sehen Sie durch Bäume hindurch die Rückseite eines modernen Lagergebäudes. Daneben liegt das

⑩ Wohnhaus von Oskar Adolf Hermann Schmitz Aigner Straße 6

Der Schriftsteller und Psychoanalytiker O. A. H. Schmitz (1873–1931) war ein ewig Suchender. Das spiegelt schon sein schriftstellerisches Werk wider, das Gedichte, Romane, Novellen, Reiseliteratur, Essays, Dramen, kulturphilosophische Schriften und psychoanalytische Abhandlungen umfaßt. Seit 1925 bis zu seinem Tod lebte er in Salzburg, wo er eine Praxis als Psychoanalytiker unterhielt.

Zur Psychoanalyse war der Sohn eines Eisenbahndirektors aus Homburg v. d. H. über Umwege gekommen. Nach verschiedenen Studien und ausgedehnten Reisen hatte er sich jahrelang als freier Schriftsteller und Kulturkritiker in München und Berlin durchgeschlagen, ehe er sich, angeregt von der Lektüre der Werke Sigmund Freuds, der Psychoanalyse zuwandte. Für die Salzburger war Schmitz eine exotische Erscheinung, die sich nicht nur mit der Deutung von Träumen, sondern auch mit Astrologie und Ok-

O. A. H. Schmitz

kultismus beschäftigte. Fest davon überzeugt, daß das »Zeitalter der Fische« zu Ende gehe, prophezeite er den Aufstieg des Sternzeichens Wassermann, das die Geschicke der Menschheit in eine glücklichere Zukunft lenken werde. Sein Schwager und lebenslanger Freund Alfred Kubin, aber auch Hermann Bahr oder Thomas Mann waren von Schmitz' exzentrischen Ansichten fasziniert. Als sich 1918 Künstler in Salzburg zu einer Art »verspäteter Sezession« zusammenschlossen, nannten sie sich unter seinem Einfluß *Wassermann*.

Mit über 50 Jahren drückte der lerndurstige Schmitz noch einmal die Schulbank und studierte bei C. G. Jung, dessen Lehre er in zahlreichen Schriften einer breiten Öffentlichkeit nahebrachte.

Ein Stück weiter steht links von Bäumen versteckt ein kleines Häuschen, das zum gegenüberliegenden Gasthof Steinlechner gehört.

⓫ Logis von Karl Böhm

»Wenn ich im Himmel dem Beethoven begegne, ziehe ich tief meinen Hut und gehe vorüber; wenn der Mozart kommt, falle ich auf die Knie und kann nichts mehr sagen«, soll Karl Böhm (1894–1981) einmal bekannt haben. Mozart war für den Dirigenten das größte musikalische Genie, und seine Musik wirkte auf ihn wie ein »Gesundbrunnen, aus dem ich immer wieder die Kraft für neue Taten schöpfen kann«. Bruno Walter hatte die Liebe zu Mozart in Böhm geweckt, als er den 27jährigen, der seit Ende des Ersten Weltkriegs in seiner Heimatstadt Graz als »Naturtalent« am Dirigentenpult gefeiert wurde, 1921 nach München an das Nationaltheater holte. Diese »Liebe steigerte und vertiefte« später Richard Strauss, mit dem Böhm seit Ende der dreißiger Jahre eng zusammenarbeitete. Diese langjährige Freundschaft und die intensive Auseinandersetzung mit Mozart machten ihn zu einem der bedeutendsten Mozart- und Strauss-Dirigenten des 20. Jahrhunderts. Darüber hinaus setzte er sich für zeitgenössische Musik ein und trug entscheidend dazu bei, daß die Oper *Wozzeck* von Alban Berg heute zum festen Repertoire der großen Opernhäuser gehört.

Bei der innigen Liebe zu Mozart wundert es nicht, daß Karl Böhm zu Salzburg eine besondere Beziehung entwickelte. »Es kommt mir immer wieder wie ein Wunder vor, daß ich das Glück habe, in der Stadt wirken zu dürfen, in der ... (Mozart) geboren wurde«, gestand er bescheiden. Seit 1938 dirigierte er bei den Salzburger Festspielen, 338mal stand er hier auf der Bühne und ließ es sich auch in den sechziger Jahren, als er in Bayreuth engagiert war, nicht nehmen, mit einem Privatjet zwischen den beiden Festspielstädten hin- und herzufliegen. Als einer dieser Flüge mit einer Bruchlandung auf einem Acker endete, nahm die Presse davon kaum Kenntnis. Karl Böhm war kein Star, dem die Journalisten auflauerten, sondern ein Dirigent der sparsamen Gesten, der sich für den Dienst an der Musik verzehrte. Salzburg dankte ihm sein Engagement mit zahlreichen Aus-

Karl Böhm im Orchestergraben bei der Probe von Mozarts Oper *Cosi fan tutte*, 1963

zeichnungen und 1964 mit der Ehrenbürgerwürde. Während des Festspielsommers 1981 starb Böhm hier im Gasthof Steinlechner.

Der Karl-Böhm-Weg mündet in die Bürglsteinstraße, die Sie nach wenigen Metern links an der Ampel überqueren. Gegenüber beginnt die Arenbergstraße, die bergauf führt und sich an der Weggabelung links fortsetzt. Auf der linken Seite sehen Sie das

⑫ Schloß Bürglstein
Ehemaliges Wohnhaus von Hermann Bahr
Früher Max-Reinhardt-Forschungs- und Gedenkstätte
Arenbergstraße 8/10

Zwischen 1912 und 1922 lebte hier im ersten Stock der Dramatiker, Theaterkritiker und Essayist Hermann Bahr (1863–1934) mit seiner Frau, der Sängerin Anna Bahr-Mildenburg. »Ich bin eigentlich ein geborener Benediktiner, der seinen Beruf und seine Zeit verfehlt hat ..., und so blieb mir nun nichts übrig, als sozusagen ein Benediktiner auf eigene Faust zu werden«, schrieb Bahr Anfang der zwanziger Jahre in seinen Erinnerungen *Selbstbildnis*. In der Tat hatte er schon rein äußerlich etwas von »Gottvater am siebten Schöpfungstag«. »Seine hochgewachsene Gestalt in Salzburger Tracht, der mächtige Schädel ... und ein bis zum Leib reichender weißer Bart erinnerte an eine barocke Apostelfigur«, meinte die Kritikerin Bertha Zuckerkandl, während der Schriftsteller Egon Dietrichstein ihn als »eine phantastische Kreuzung von Waldgeist, Ganghofer, Leo Tolstoi und Sankt Petrus« beschrieb.

Die Salzburger kannten den merkwürdigen Bewohner vom Bürglstein, der jeden Morgen um 6 Uhr die Messe in der Franziskanerkirche besuchte. Anschließend frühstückte er im Tomaselli und brach von dort zu einem ausgedehnten Spaziergang auf. Nachmittags schrieb er diszipliniert an seinen Dramen und Essays, in denen sich sein Bekenntnis zum katholischen Glauben niederschlug.

Die tiefe Frömmigkeit, zu der der frühere Atheist Bahr in Salzburg fand, befremdete die Freunde und erheiterte seine Widersacher. Bahr meinte dazu nur lapidar, daß es in seiner Zeit offenbar weniger störe, Buddhist als Katholik zu sein: »Aber wenn ich schon in Oberösterreich geboren bin, sehe ich nicht ein, warum ich Brahma und Wishnu verehren soll.« Gleichwohl waren die Zweifel der Freunde nicht unbegründet. Denn für Bahr war ein sprunghafter Positionswechsel geradezu charakteristisch. Er blieb einer Bewegung nur so lange treu, wie sie ihn interessierte. So wurde er vom Atheisten zum Katholiken, vom sozial-nationalen Eiferer zum Monarchisten, vom Naturalisten zum Impressionisten. Seinen Wandlungen, die ihm den Spitznamen »Mann von Übermorgen« einbrachten, lag nur ein Gemeinsames zugrunde: Hermann Bahr wollte anecken, schockieren.

Das war dem gebürtigen Linzer schon in seiner Schulzeit gelungen, die er auf dem Salzburger Gymnasium der Benediktiner verbrachte. Als dem Musterschüler die Ehre zuteil wurde, die Maturarede zu halten, brüskierte er das feine Publikum mit der Behauptung:

Hermann Bahr

»Die Aristokratie der Geburt hat ihre Bedeutung verloren, an ihre Stelle ist die Aristokratie des Geldes getreten, an ihre Stelle wird die Aristokratie der Arbeit treten.« Bereits in dieser Rede, die einen Sturm der Entrüstung auslöste, kündigte sich sozialistisches Gedankengut an, das Bahr kurz darauf mit nationalen und antisemitischen Thesen verband.

Als er 30 Jahre später nach Salzburg zurückkehrte, hatte er sich schon lange von der radikalen politischen Einstellung seiner Jugend losgesagt. Müde von den arbeitsreichen Wiener Jahren, in denen der Herausgeber der Wochenzeitschrift *Die Zeit*, wegen seiner Freude an der Provokation gefürchtet und als Entdecker junger Talente geachtet, die graue Eminenz im Kulturleben gespielt hatte, bezog er das Schloß Bürglstein am Kapuzinerberg. Seit seiner Kindheit fühlte er sich zu Salzburg hingezogen, es war für ihn »die geheimnisvollste Stadt auf deutscher Erde, ... deutsch gewordenes Italien«. Im Empfangssaal des Schlosses brachte er seine 12 000bändige Bibliothek unter, moderne Kunst und wuchtige Möbel bereicherten die herrschaftlichen Räume. Die Wohnung wurde zu einem »Mekka für Gelehrte und Schriftsteller«, die sich nicht an dem Graphiker und Okkultisten Carl Anton Reichel (1874–1944) störten, der nachts im oberen Stockwerk lautstark die Radierpresse betätigte.

An der Verwirklichung der Festspielidee war Bahr nicht unmittelbar beteiligt, obwohl er schon Anfang des Jahrhunderts Salzburg als idealen Ort für Festspiele empfohlen hatte. Als die Stadt durch Max Reinhardts Zauberkünste aus ihrem Provinzschlaf aufzuwachen begann, zogen die Bahrs 1922 nach München, wo Anna Bahr-Mildenburg an der Musikakademie eine Stelle antrat. Hier wurde der Schriftsteller nicht mehr glücklich. Ihm fehlten die Berge und »sein Salzburg«. Kurz vor dem Umzug hatte er gesagt, er sei in Österreich »zu fest vernietet ... und vernagelt«, um seine »alten Tage in der Fremde zu beschließen«. Doch es war ihm nicht vergönnt, vor seinem Tod nach Salzburg zurückzukehren. Sein Leichnam wurde an der Seite seiner Eltern auf dem Kommunifriedhof beigesetzt.

Sie gehen die Arenbergstraße weiter unterhalb des Kapuzinerbergs entlang und sehen bald rechts das Haus Nr. 19, das sog.

⓭ Kalte Baronhaus Arenbergstraße 19

In den dreißiger Jahren wohnten hier zahlreiche Festspielgäste bei Johanna Schuchter (1884–1985), Mutter des Pianisten Gilbert Schuchter und Freundin von Hermann Bahr. Ihre ersten Gäste waren das Ehepaar Jouve aus Paris. Madame Jouve, Psychoanalytikerin und Übersetzerin von Freuds Schriften, hatte sich um ein Zimmer im Kalten Baronhaus bemüht, weil ihr sensibler Mann, der mit Stefan Zweig befreundete Schriftsteller Pierre Jean Jouve, im lauten Hotel Europa »ganz verzweifelte«. Im Baronhaus bekam er ein kleines Arbeitszimmer mit einem herrlichen Blick auf den Nachbargarten.

Im Krieg wurde das Haus fast vollkommen zerstört, doch ließ Johanna Schuchter es wieder aufbauen und vermietete weiterhin Zimmer an Festspielgäste wie den Bildhauer Alfred Hrdlicka oder die Sängerin Vera Little.

Sie gehen die Arenbergstraße bis zum Ende und kommen in die Steingasse. Auf der rechten Seite liegt das

⓮ Wohnhaus von Robert Jungk Steingasse 31

»Am schönsten ist die Steingasse an einem späten Sommernachmittag. ... (Dann) weiß ich, welch Glück ich gehabt habe, als ich gerade hier eine Heimat fand«, schrieb der Publizist,

Robert Jungk auf einer Demonstration, Salzburg 1977

Bürgerrechtler und Zukunftsdenker Robert Jungk (1913–1994) in seiner Autobiographie *Trotzdem*. Von 1969 bis zu seinem Tod wohnte er hier und erholte sich von den unzähligen Reisen, die ihn durch die ganze Welt führten.

Seit seiner Jugend kämpfte Robert Jungk für Humanismus und eine lebenswerte Zukunft. Der gebürtige Berliner, Kind jüdischer Schauspieler, mußte Deutschland 1933 fluchtartig verlassen, weil er sich einer deutsch-jüdischen Widerstandsgruppe angeschlossen hatte. Damals kam er zum erstenmal nach Salzburg, das ihm ein »so starkes Gefühl der Zuneigung und Geborgenheit« gab, daß er am liebsten gleich dort geblieben wäre. Doch sein Weg führte ihn über Paris ins Schweizer Exil, wo er seinen Kampf gegen den Nationalsozialismus als Journalist fortführte. In der Nachkriegszeit lebte Jungk in den USA und wurde unter dem Eindruck des Atombombenabwurfs über Hiroshima, für ihn der »Sündenfall des Jahrhunderts«, zum erbitterten Gegner der atomaren Aufrüstung. Durch seine anklägerischen Artikel und Bücher erwarb er sich den Namen »Reporter der Angst«. Später wandelte er sich vom Mahner zum »Botschafter der Hoffnung«, der abseits der eingetretenen Pfade der Ideologien nach einer besseren Zukunft suchte. In dieser Rolle engagierte er sich als prominentes Mitglied in der Friedens- und Anti-Atomkraft-Bewegung. Für sein mutiges Eintreten für eine friedliche, unbedrohte Welt erhielt er 1986 den alternativen Nobelpreis.

Oskar Kokoschka hatte dem Freund Jungk geraten, sich in Salzburg niederzulassen. Mit Jungk siedelte sich ein unbequemer Zeitgenosse an der Salzach an, doch war die Verbindung glücklich. Die Stadt verlieh ihm die Ehrenbürgerschaft, Jungk stellte dem Land seine umfassende Bibliothek zur Verfügung, die den Grundstein für die weltweit erste »Bibliothek für Zukunftsfragen« legte.

Robert Jungk, der kurz vor seinem Tod noch für das Amt des österreichischen Bundespräsidenten kandidiert hatte, liegt auf dem jüdischen Friedhof in Salzburg begraben.
Sie gehen der Steingasse weiter und sehen hinter dem Inneren Steintor rechts das

⑮ Geburtshaus von Joseph Mohr Steingasse 9

Der uneheliche Sohn eines Musketiers und einer Strickerin wuchs hier in ärmlichen Verhältnissen auf und finanzierte sich den Gymnasialbesuch als Sänger und Geiger. 1815 wurde Joseph Mohr (1792–1848) zum Priester geweiht und ging nach Oberndorf, wo er sich mit dem Organisten Franz Xaver Gruber anfreundete. Hier schrieb er den Text, der ihn weltberühmt machte: das Weihnachtslied *Stille Nacht, heilige Nacht*. Gruber komponierte die Melodie dazu. Ab 1837 wirkte Mohr in Wagrain als Vikar, wo er auch starb.
Von hier aus sehen Sie links am Ende der Gasse das

⑯ Hotel Stein Steingasse 4

1893 stieg hier der damals noch ganz unbekannte Schauspieler **Max Reinhardt** (vgl. S. 151 ff.) ab, um sein erstes Engagement am Stadttheater wahrzunehmen. Für eine Saison war er in Charakterrollen und als Intrigant zu sehen. Später schrieb er: »Ich bin mit keinem andern Ort der Welt mehr verknüpft als mit Salzburg. Ich ... erinnere mich vor allem an meine theatralischen Anfänge am Salzburger Stadttheater. Das alles – und wohl auch die herrliche Landschaft mit der einzigartigen Architektur – ... ließen mich hier ansiedeln und immer wiederkehren.«
40 Jahre später bezog der Schriftsteller **Joseph Roth** (1894–1939) im Stein ein Zimmer, ehe er nach Paris ins Exil ging. Obwohl er ein enger Freund Stefan Zweigs war, der damals auf dem Kapuzinerberg residierte, zog der alkoholkranke Roth es vor, im Hotel zu wohnen, weil er immer in der Angst lebte, er könne plötzlich vor einem leeren Glas sitzen. Der Dichter Georg Rendl erinnert sich, »daß im Zimmer Roths schon am frühen Morgen die Schnapsflasche geöffnet auf dem Tisch stand. Er konnte ohne sie nicht leben, nicht arbeiten ...«

Joseph Roth, Anfang der 30er Jahre

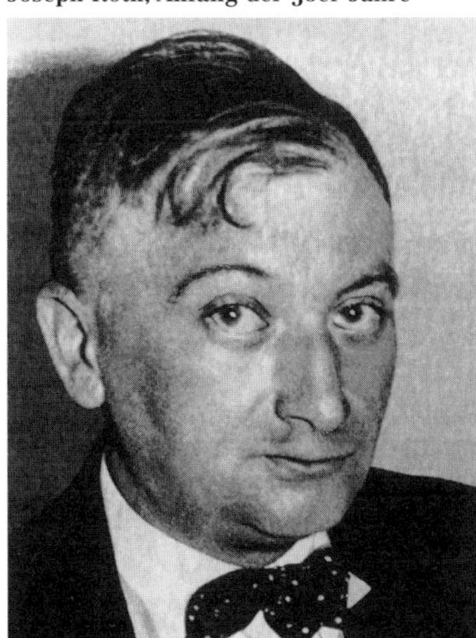

Nach dem Abstecher zum Hotel Stein gelangen Sie über die Imbergstiege neben dem Haus von Joseph Mohr auf den Kapuzinerberg. Der Berg trägt seinen Namen nach dem Kapuzinerkloster, das auf der Höhe liegt. Vor der Klostermauer steht eine Büste von Stefan Zweig. Der Schriftsteller blickt über einen Taleinschnitt auf das

⑰ Paschinger Schlößchen von Stefan und Friderike Zweig Kapuzinerberg 5

Als Stefan Zweig (1881–1942) mit seiner späteren Frau Friderike 1916 Salzburg besuchte, bewunderten die beiden das im 17. Jahrhundert als erzbischöfliches Jagdhaus erbaute Schlößchen. Wie es der Zufall wollte, erfuhren sie kurz darauf, daß der Besitz verkauft werden sollte. Zweig, aus einer wohlhabenden Industriellenfamilie stammend, zögerte nicht lange und beauftragte Friderike, das Geschäft abzuschließen. Am Ende des Krieges, den die beiden Pazifisten in der Schweiz verbrachten, kamen sie nach Salzburg, um ihr neues Haus zu beziehen. Doch das ehemalige Schlößchen war in einem miserablen Zustand. Zweig, der es verabscheute, wenn ihn etwas vom Schreiben abhielt, reiste unverzüglich weiter nach Wien und überließ es seiner Lebensgefährtin, das Haus bezugsfertig zu machen. Seit seiner Jugend beherrschte ihn ein zwanghafter Unabhängigkeitsdrang. Andere Menschen hielt der »Fanatiker der Freiheit« auf Distanz und ging, wenn ihm eine Bindung zu eng wurde, auf eine seiner unzähligen Reisen, die ihn durch ganz Europa bis nach Indien führten. Als er 1912 mit der unglücklich verheirateten Friderike Maria von Winternitz (1882–1971) ein Verhältnis einging, machte er ihr unmißverständlich klar, daß sie nicht mit seiner Treue rechnen dürfe. Er wolle sich nicht »mit einer Gattin belasten«. Es lag an der starken Persönlichkeit Friderike von Winternitz', daß die Beziehung, die 1920 durch die Heirat legalisiert wurde, mehr als 20 Jahre hielt.

1919 konnte das Paar endlich das Paschinger Schlößchen beziehen. Zweig zählte damals zu den erfolgreichsten deutschsprachigen Autoren, doch in Salzburg kannte kaum jemand den zierlichen Mann, der abends die steile Stiege hinab in die Stadt eilte, um in einem Kaffeehaus eine Partie Schach zu spielen. Er war keine so auffällige Erscheinung wie Hermann Bahr, mit dem Zweig einmal wöchentlich eine Bergtour machte. Der Weltkrieg hatte ihn in seinem Glauben an die Menschheit tief erschüttert, doch der Waffenstillstand gab ihm Hoffnung: »Ich glaube, die schweren Jahre, die jetzt kommen werden, werden schön sein in einem hohen moralischen Sinn.« In der Tat beschrieb er die zwanziger Jahre in Salzburg später als »beneidete Jahre des Friedens für mein Leben«. Der hoch verehrte Schriftstellerfreund Romain Rolland kam zu Besuch und wohnte in Zweigs Schlaf- und Arbeitszimmern. Vor allem zur Festspielzeit

Friderike und Stefan Zweig im Garten vor dem Paschinger Schlößchen

trafen sich die Freunde in der Zweig-Villa. Thomas Mann, Elias Canetti, Arthur Schnitzler, James Joyce, Franz Werfel, Jakob Wassermann und Carl Zuckmayer wurden herzlich empfangen. Alban Berg, Béla Bartók, Maurice Ravel, Richard Strauss, Arturo Toscanini und Bruno Walter mußten Zweigs musikalische Memorabilia und das stolzeste Stück des Sammlers, den Schreibtisch Beethovens, bewundern. Der junge Karajan, Tanzpartner von Zweigs Stieftochter, kam vorbei, und Moissi übte im Garten den *Jedermann*.

Obwohl es nahegelegen hätte, arbeitete Zweig auf Betreiben Hofmannsthals, der ihn für einen Stümper hielt, nicht an den Festspielen mit. Nach dem Tod Hofmannsthals erkor Richard Strauss ausgerechnet Zweig für die Oper *Die schweigsame Frau* zu seinem Librettisten. Die Uraufführung 1934 in Dresden beschäftigte selbst Goebbels und Hitler, weil Strauss darauf bestand, daß der Name des jüdischen Librettisten genannt wurde.

Zu dieser Zeit hatte Zweig Salzburg bereits verlassen. Eine Hausdurchsuchung hatte den letzten Anstoß dafür gegeben, daß er radikal mit seinem alten Leben brach. Die einst geliebte Villa wurde ihm nun zur Last. »Das Haus ist mir nicht genug Heim: ... es ist mir zu groß, ein zu weiter Mantel über meiner manchmal frierenden Seele«, schrieb er. Da auch die Ehe am Ende war, ging er 1934 ohne seine Frau nach London ins Exil. Dort geriet er ins politische Abseits, weil er es ablehnte, öffentlich das Wort gegen die Nationalsozialisten zu ergreifen.

Stefan Zweig und sein Verleger Anton Kippenberg (li.)

Als das Verlegerehepaar Kippenberg ihm auch noch unterbreitete, daß seine Bücher nicht mehr bei Insel erscheinen könnten, fühlte er sich nicht nur der Heimat, sondern auch der Muttersprache beraubt. »Ich lebe an einem schwankenden Ast«, schrieb er niedergeschlagen an Hermann Hesse. »... zum Emigranten habe ich kein Talent.«

Als wolle er nun gewaltsam alle Wurzeln ausreißen, ließ er sich von Friderike scheiden und heiratete seine Sekretärin Lotte Altmann – anders als Friderike Zweig eine ergebene Verehrerin, die seine Launen widerspruchslos ertrug. Mit ihr emigrierte er nach Brasilien, wo der zur Depression neigende Schriftsteller gemeinsam mit Lotte Altmann 1942 den Freitod wählte.

Friderike Zweig wohnte noch bis 1937 am Kapuzinerberg und mußte die Villa schließlich zu einem Spottpreis verkaufen. Überhastet emigrierte sie 1938 über Frankreich in die USA und konnte nur einen Teil der kostbaren Bücher- und Autographensammlung ihres Mannes retten.

Der Spaziergang führt nun steil hinunter in die Stadt. Er bringt Sie auf den Cornelius-Reitsamer-Platz. Schräg links auf der gegenüberliegenden Seite sehen Sie den

18 Gablerbräu
Elternhaus von Richard Mayr
Linzer Gasse 9

Richard Mayr (1877–1935) entstammte einer alten Bierbrauerdynastie und wuchs zwischen Bierhumpen, Pfeifenqualm und Radischwaden im Wirtshauslärm auf. Die Neigung zum Künstlerischen mochte er seinem Onkel, einem Gastwirt aus Henndorf, verdanken, der sich gerne als orientalischer Herrscher verkleidete, wilde Orgien feierte und sich gelegentlich aus einer plötzlichen Laune heraus mit seinem Fuhrwerk nach Paris auf den Weg machte. Zunächst lag der Gedanke allerdings fern, die künstlerische Begabung zum Beruf zu machen. Nach dem Besuch des Gymnasiums ging Richard Mayr nach Wien, um Medizin zu studieren. Nachdem man im Akademischen Gesangsverein auf sein sängerisches Talent aufmerksam geworden war, brach er das Medizinstudium ab und ließ seine Stimme ausbilden. Cosima Wagner entdeckte den jungen Sänger für die Festspiele in

Richard Mayr als Baron Ochs von Lerchenau im *Rosenkavalier* von Richard Strauss, 1929

Bayreuth, wo er 1902 den Hagen in der *Götterdämmerung* sang. Der österreichische Naturbursche mit seiner »breiten, bauernadligen Gestalt und dem breiten Gesicht, dem man«, wie der Theaterkritiker Franz Hadamowsky schrieb, »ansah, daß ihm die Freuden der Welt wohl vertraut waren«, hatte den Durchbruch geschafft. Nicht allein sein tiefer voller Baß, sondern auch sein außergewöhnliches darstellerisches Talent machten ihn für viele Rollen begehrt. Er konnte originell und liebenswert, würdig, witzig oder voll derben Humors sein. Von Bayreuth holte Gustav Mahler den Sänger an die Wiener Staatsoper, der er bis zu seinem Tod 1935 angehörte. In seiner Geburtsstadt Salzburg trat er 1906 und 1910 anläßlich der Mozart-Feste auf und begeisterte das Publikum als genialer Mozart-Interpret. Seit 1922 fehlte er in keinem Festspielsommer. Hier feierte er 1929 als Graf Ochs von Lerchenau in Richard Strauss' *Rosenkavalier* seinen größten Triumph. »Sein Ochs ist das, was man a Freid an der Freid nennt«, schwärmte Strauss. Die eitle, gefräßige, triebhafte Figur war für seine Spielfreude wie geschaffen. Bis 1934 bannte er sein Publikum in dieser Glanzrolle. Seine Interpretation wirkte stilbildend und trug dazu bei, daß der *Rosenkavalier* neben den Mozart-Opern seither zum festen Repertoire der Festspiele zählt.

Während der Festspielsommer wohnte Richard Mayr bei seinem Bruder Carl (1875–1942) in Henndorf, der dort den Gasthof seines Onkels übernommen hatte. Abends tauchte er oft in der holzgetäfelten Wirtsstube auf, leerte eine stattliche Anzahl von Maßkrügen und hangelte sich nachts an einem extra für ihn angebrachten Geländer von der Gaststube bis zu seiner Haustür. Carl Mayr war, anders als sein jüngerer Bruder, eine schlanke, aristokratische Erscheinung, dafür aber nicht weniger exzentrisch. Er hatte die Welt bereist, malte, sammelte Antiquitäten und führte den Gasthof im Sommer wie ein »Großfürst«. Carl Zuckmayer, der seit 1926 sein Nachbar und Freund war, hat ihm in seinen Erinnerungen *Als wär's ein Stück von mir* ein liebevolles Denkmal gesetzt.

Unmittelbar links neben dem Gablerbräu steht die Engelapotheke, die

⑲ Ehemalige Apotheke Zum Weißen Engel Linzer Gasse 7

Anfang des Jahrhunderts ging hier der junge Georg Trakl (vgl. S. 13ff.) ein und aus, als er 1905 nach dem Abbruch der Schule eine dreijährige Apothekerlehre machte. Der drogensüchtige Schriftsteller deckte sich aus den Beständen der Apotheke mit Narkotika ein, betäubte sich mit Chloroform und rauchte Zigaretten, die er in eine Opiumlösung tauchte. Dennoch schloß er die Ausbildung ab und konnte 1908 in Wien ein Pharmaziestudium aufnehmen.

Sie laufen die Linzer Gasse weiter bis zum Platzl, an dem Paracelsus links im Haus Nr. 3 wohnte.

Die Apotheke Zum Weißen Engel in der Linzer Gasse

⑳ Wohnhaus von Paracelsus Platzl 3

Theophrastus Bombastus von Hohenheim, wie Paracelsus (1493/9–1541) eigentlich hieß, stammte aus dem Schweizer Einsiedeln. Die Kindheit verlebte der Sohn eines »Lizentiat(en) der Arznei« und einer Leibeigenen »in armut und hunger«, über sein Studium ist nur bekannt, daß er »bei den Teutschen, bei den Italischen, bei den Frankreichischen ... den grunt der arznei gesucht« und in Ferrara promoviert hat. Es folgten Reisen durch Europa, bis er 1524/25 erstmals nach Salzburg kam, wo er im Kumpfmühlhaus in der heutigen Pfeifergasse eine Praxis als Wundarzt unterhielt. Als ein Bauernheer Salzburg besetzte und Tumulte ausbrachen, floh der Sympathisant der Aufständischen Hals über Kopf aus der Stadt.

Ende 1526 erreichte er Straßburg, im Jahr darauf wurde er Stadtarzt in Basel und hielt an der Universität Vorlesungen. In seinen Lehrbüchern schrieb er nieder, »was mich die höchste Lehrerin Erfahrung (experientia) und eigene Arbeit (labor) gelehrt haben. Demnach dienen mir als Beweishelfer Erfahrung (experimenta) und eigene Erwägung (ratio)«. Diese Abkehr von der Schulmedizin und ihren Autoritäten provozierte heftigen Protest. Seine Gegner warfen ihm Trunksucht, Völlerei und Verschwendungssucht vor und wünschten ihm einen »Strick (an den Hals, an) dem Du Dich aufhängen kannst, / Nachdem man Deine Windbeuteleien erkannt hat«. Der Skandal veranlaßte Paracelsus, Basel zu verlassen. 1529/30 ging er nach Nürnberg, wo er zwei Schriften über die Syphilis publizieren konnte, bevor der Nürnberger Rat ein Druckverbot verhängte. Es entstanden astrologische und medizinische Abhandlungen, in denen er die Grundprinzipien seiner medizinischen Lehre darlegte. 1536 erschien das Buch der *Großen Wundartzney*, das einzige umfangreichere medizinische Werk, das er zu seinen Lebzeiten veröffentlichen konnte.

Wann der Rastlose an seinen Sterbeort Salzburg gelangte, ist unklar. Jedenfalls verfaßte er im Gasthaus *Zum weißen Roß* in der Kaigasse 1541 sein Testament. Drei Tage später, am 24. September, starb er – ob in seiner

Paracelsus vor der Silhouette von Salzburg. Ölbild eines anonymen Malers

Wohnung am Platzl ist umstritten – und wurde seinem letzten Willen gemäß auf dem Friedhof von St. Sebastian begraben. Wie so vieles in seinem Leben ist auch die Todesursache ungeklärt. Die einen vermuten eine Quecksilbervergiftung, die anderen eine Lebererkrankung.

Paracelsus, der in seinen medizinischen Abhandlungen praktische Heilkunde mit alchimistisch-astrologischen Lehren verband, verfaßte außerdem zahlreiche philosophische und theologische Texte und setzte sich für soziale Gerechtigkeit ein. Da die meisten seiner Schriften postum erschienen, zeitigten sie zunächst kaum Wirkung. Erst in der zweiten Hälfte des 16. Jahrhunderts wurde er als Arzt und Philosoph entdeckt.

Das Platzl öffnet sich zum Salzachufer. Sie laufen links auf dem Giselakai bis zum Mozartsteg. Auf der anderen Uferseite geht es links zurück zum Mozartplatz.

Die Getreidegasse. Rechts das Hotel Blaue Gans

Vierter Spaziergang
»Salzburg als Geist genommen schließt das Festliche ein«
Im Herzen der Mozart- und Festspielstadt

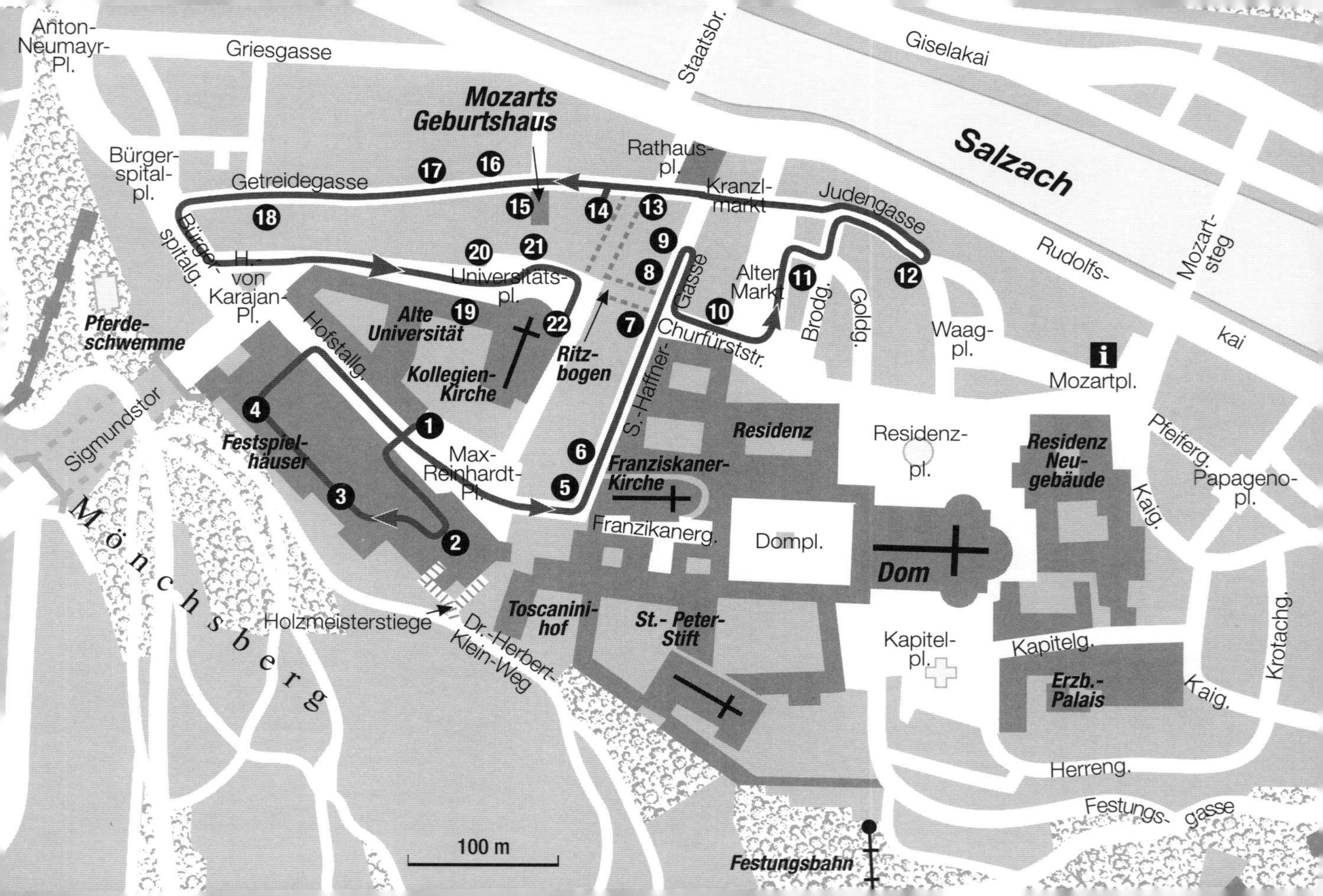

Anton-Neumayr-Pl.
Griesgasse
Staatsbr.
Giselakai
Mozarts Geburtshaus
Salzach
Bürger-spital-pl.
Getreidegasse
Rathaus-pl.
Kranzl-markt
Judengasse
Rudolfs-
Mozart-steg
kai
Bürger-spitalg.
H.-von Karajan-Pl.
Universitäts-pl.
Alter Markt
Brodg.
Goldg.
Waag-pl.
Pferde-schwemme
Alte Universität
Hofstallg.
Ritz-bogen
Churfürststr.
Gasse
S.-Haffner-
Kollegien-Kirche
Mozartpl.
Sigmundstor
Festspiel-häuser
Max-Reinhardt-Pl.
Residenz
Residenz-pl.
Residenz Neu-gebäude
Pfeiferg.
Papageno-pl.
Franziskaner-Kirche
Franzikanerg.
Dompl.
Dom
Kaig.
Mönchsberg
Toscanini-hof
St.-Peter-Stift
Holzmeisterstiege
Dr.-Herbert-Klein-Weg
Kapitel-pl.
Kapitelg.
Erzb.-Palais
Kaig.
Krotachg.
Herreng.
Festungs-gasse
100 m
Festungsbahn
1 2 3 4 5 6 7 8 9 10 11 12 13 14 15 16 17 18 19 20 21 22

Der Spaziergang steht ganz im Zeichen Mozarts und der Festspiele und führt von den Festspielhäusern durch die Altstadt bis zur Alten Universität. Er beginnt am Festspielgelände in der Hofstallgasse vor dem Haupteingang zum Festspielhaus.

❶ Das Festspielgelände

Als am 22. August 1920 vor dem Dom Hugo von Hofmannsthals *Jedermann* mit überwältigendem Erfolg aufgeführt wurde, schlug die Geburtsstunde der Festspiele. Der Gedanke, in Salzburg Festspiele zu veranstalten, war nicht neu. Schon der Dirigent Hans Richter hatte 1887 Mozart-Feiern angeregt, Hermann Bahr verfolgte an der Jahrhundertwende intensiv Festspielpläne, und lange bevor überhaupt eine Veranstaltung durchgeführt wurde gab es eine Festspiel-Gemeinde. Alle Versuche waren jedoch gescheitert, und auch die Initiative, die Max Reinhardt 1917 ergriff, als er in einer Denkschrift seine Vorstellungen von einem Sommertheater in Salzburg niederschrieb, schien zunächst wenig aussichtsreich. Doch Reinhardt blieb hartnäckig. 1919 bildete er mit Hugo von Hofmannsthal, Richard Strauss, dem Bühnenbildner Alfred Roller (1864–1935) und dem Dirigenten Franz Schalk (1863–1931) einen Kunstrat, der programmatische Aufrufe verfaßte. Die Mitglieder des Kunstrats waren sich darin einig, daß Festspiele in Salzburg als einigende und regenerierende Kraft in einem zerrissenen Europa wirken sollten. »Geistigen Frieden wollen wir bringen«, schrieb ihr Wortführer Hofmannsthal 1919 im Salzburger Festspielplan. »Wer an die Macht der Kunst glaubt und daran, daß die Werte und Werke der Kultur das einzig Bleibende sind, (der) ... helfe uns, im Zeichen Mozarts eine Stätte zu schaffen, an der ... die Kunstfreunde aller Länder in festlicher Freude sich wiederfinden.« Hofmannsthal entwickelte einen Zusammenhang zwischen der »geographischen Wahrheit« der einmaligen Salzburger Landschaft und dem Musikalischen und Geistigen. Nur in Salzburg könnten Festspiele stattfinden, denn hier spielten Architektur, Theatralisches und Landschaft aufs natürlichste ineinander. Unter dem Theatralischen verstanden er und Reinhardt Mysterien- und Passionsspiele.

So war es kein Zufall, daß am Anfang der Festspiele keine Oper, sondern Hofmannsthals *Jedermann* (vgl. S. 24 ff.) stand. Freilich war im Sommer 1920 noch alles improvisiert. Da es unter den Initiatoren an Pragmatikern fehlte, blieben auch die ersten Jahre trotz großem Publikumszuspruch ein finanzieller Drahtseilakt. Die Salzburger selbst waren keineswegs glücklich über die Touristenströme und demonstrierten gegen überhöhte Preise und Überfremdung. Als Richard Strauss 1922 die Präsidentschaft übernahm, führte er die Festspiele an den Rand des Ruins, weil er keinen Finger rührte und für 1923 und 1924 sogar seine künstlerische Mitwirkung absagte. Erst als sich der Landeshauptmann Franz Rehrl des maroden Unternehmens annahm, endete das Chaos der Anfangsjahre.

Die Festspielhäuser, Zeichnung von Clemens Holzmeister

Endlich konnte in den einstigen erzbischöflichen Hofstallungen ein Festspielhaus eröffnet werden, 1925 kamen erstmals mehr Festspielgäste in die Stadt, als diese Einwohner hatte. Das Publikum wollte allerdings Stars sehen und gab sich nicht allein mit volkstümlichen Mysterienspielen auf künstlerisch hohem Niveau zufrieden. So löste die internationale Sprache der Musik Ende der zwanziger Jahre die Mysterienspiele und mittelalterlichen Moralitäten ab. Salzburg wurde zum Schauplatz berühmter Dirigenten wie Richard Strauss, Bruno Walter und Clemens Krauss, während der anfangs alles beherrschende Max Reinhardt in den Hintergrund trat. Und die Festspiele wurden zum exklusiven Laufsteg eines extravaganten Publikums. Limousinen rasten über die Salzachbrücken, und die amerikanischen Besucher kleideten sich bei Lanz mit teuren Trachten ein. Die Stadt war mit »babylonischem Stimmengewirr« erfüllt, und an jeder Straßenecke blühten Klatsch und Tratsch.
Die heitere Atmosphäre schlug in nervöse Anspannung um, als die Nationalsozialisten 1933 deutschen Künstlern eine Beteiligung an den »jüdischen Festspielen« untersagten, mit der Luftwaffe über die Altstadt flogen und Flugblätter abwarfen. Sie drohten mit Bombenattentaten und tyrannisierten die Bevölkerung mit ohren-

betäubendem Krach, den sie aus Lautsprechern über die Grenze schickten. Als der jüdische Emigrant Bruno Walter in dieser aufgeheizten Stimmung Wagners *Tristan* aufführte, war das Publikum so ergriffen, daß es in Tränen ausbrach. Ein Jahr später betrat Arturo Toscanini die Festspielbühne. Böse Zungen behaupteten, daß er es sich nicht aus politischen Gründen mit Mussolini verscherzt habe, sondern weil in Italien nur Platz für einen Diktator sei. In jedem Fall war er bei den Nazis eine Persona non grata und für die Emigranten ein Symbol künstlerischer Freiheit und Unabhängigkeit.

Die »Welt der letzten Verzauberung«, wie Zuckmayer die Festspielsommer 1933 bis 1937 bezeichnete, brach mit dem Einmarsch der Deutschen 1938 zusammen. Obwohl die Nationalsozialisten lauthals verkündeten, sie wollten mit eisernem Besen den »verjudeten« Festspielbetrieb auskehren, und auf dem Residenzplatz die Schriften von Hofmannsthal, Reinhardt, Zweig und vielen anderen verbrannten – übrigens die einzige Bücherverbrennung in Österreich –, änderten sie an dem Programm im Prinzip nichts. Die Festspiele wurden bloß freudloser. Das internationale Publikum blieb aus, Mitglieder der Hitlerjugend und von Frauenorganisationen wurden nach Salzburg geschickt und füllten die Reihen des Festspielhauses.

Nach dem Zweiten Weltkrieg waren es Soldaten der amerikanischen Armee, die abkommandiert wurden und sich bei Liederabenden und Hofmannsthals *Der Tor und der Tod* langweilten. Die Festspiele waren in eine Krise geraten. Da ergriff eine junge Generation von Künstlern um Gottfried von Einem, Caspar Neher und den Regisseur Oskar Fritz Schuh die Initiative, den Festspielen eine neue Richtung zu geben. Sie wollten nicht nur das klassische Opernrepertoire pflegen, sondern Salzburg zu einem Forum für zeitgenössische Musik machen. Obwohl die nun auf dem Programm stehenden Uraufführungen von konservativer Seite zurückhaltend aufgenommen wurden, setzte sich die Mischung aus klassischen und modernen Werken durch, zumal Wilhelm Furtwängler und Karl Böhm nach Aufhebung ihres Auftrittsverbots 1947 als Publikumsmagneten wirkten. Doch nicht alle im Festspieldirektorium waren mit der neuen Linie einverstanden. Heimlich wurde mit Herbert von Karajan verhandelt, für den nach dem Tod Furtwänglers, 1954, der Weg frei wurde. 1956 als künstlerischer Direktor der Festspiele berufen, begann er sofort, sich ein eigenes Festspielhaus zu errichten. Für die nächsten 30 Jahre beanspruchte er die alleinige Entscheidungsgewalt über alle Besetzungs- und Programmfragen. Er war bis kurz vor seinem Tod, 1989, der absolute Regent. Heute bieten die Festspiele neben der publikumswirksamen Starparade neuen Raum für Experimente.

Von innen ist das Festspielgelände nur mit einer Führung zu besichtigen. Sie beginnt im Foyer, das Anton Faistauer 1926 mit mehr als 200 überlebensgroßen Figuren freskiert hat. Von dort kommen Sie durch den mit Deckenfresken von Johann Michael Rottmayr ausgemalten Karl-Böhm-Saal, dessen Eingang Büsten der Festspielgründer Hofmannsthal, Reinhardt und Strauss zieren, in die berühmte

❷ Felsenreitschule

Als Max Reinhardt 1932 auf der Suche nach einem passenden Aufführungsort für Goethes *Faust* war, kam der Architekt Clemens Holzmeister auf die geniale Idee, die ehemalige Sommerreitschule der erzbischöflichen Hofhaltung zur Spielstätte zu machen. Die im 17. Jahrhundert in den imposanten Mönchsbergfelsen gehauenen Arkadengänge, die dem Hof als Zuschauergalerien für Umzüge, Zirkusspiele, Komödien oder Reiterdarbietungen gedient hatten, nahm er als Bühnenhintergrund und verwandelte sie in eine mittelalterliche Stadtansicht, vor der auf einer 33 m langen und 8 m breiten Bühne Fausts Studierstube, Auerbachs Keller und Gretchens Kerker Platz fanden. Sogar ein echter Baum für den Tanz im Osterspaziergang fehlte nicht. Die Schauspieler mußten zwischen den Spielstätten hin- und herlaufen, der Souffleur kroch während der Vorstellung über Treppen oder lag unter einem Tisch in Fausts Studierstube.

Diese *Faust*-Inszenierung mit Paula Wessely als Gretchen, Ewald Balser als Faust und Max Pallenberg als Mephisto war die Sensation des Festspielsommers 1933. Die Generalprobe dauerte in echter Reinhardt-Manier bis in die frühen Morgenstunden, Karten wurden auf dem Schwarzmarkt mit bis zu 200 Dollar gehandelt. Leider spielte bei den ersten Aufführungen das Wetter nicht mit. Die Premiere mußte abgebrochen werden, am zweiten Abend wich man vor dem Regen ins Festspielhaus aus. Nach dieser Erfahrung behalf man sich für die Saison 1934 notdürftig mit einem Rolldach, das zwar schweren Regengüssen standhielt, doch die Worte der Schauspieler im Prasseln schluckte. Erich Kästner erinnert sich: »Faust machte den Mund wie ein Nußknacker auf und zu... (Und) so oft es dunkel wurde, hatte ich die ernüchternde Vorstellung, daß nun die Darsteller bei voll-

Die *Faust*-Stadt in der Felsenreitschule, 1933–37. Entwurf von Holzmeister

ster Finsternis im Dauerlauf dahingaloppierten, um nur ja rechtzeitig in Auerbachs Keller oder im Kerker einzutreffen.«

Die Nationalsozialisten, denen die Reinhardtsche *Faust*-Inszenierung ein Dorn im Auge war, rissen die aufwendige Bühne 1938 ab. Seit 1948 wird die Felsenreitschule nun auch für Opernaufführungen genutzt, und bis heute läßt es sich kaum ein Regisseur nehmen, die Arkaden als reizvollen Schauplatz in eine Inszenierung mit einzubeziehen. Da Ende der sechziger Jahre ein neues Rolldach das alte ersetzte, sind Zuschauer und Akteure nun auch vor störendem Regentrommeln sicher.

Von der Felsenreitschule werden Sie über die Kulissen zum Saal des Kleinen Festspielhauses, der ältesten Festspielbühne, geführt.

❸ Kleines Festspielhaus

Das Kleine Festspielhaus wurde 1925 als Mysterienbühne mit Hofmannsthals *Salzburger Großem Welttheater* eröffnet, doch bereits nach dem ersten Festspielsommer wegen etlicher Mängel von Clemens Holzmeister umgebaut. Auch nach der Neueröffnung 1926 war der Bau harscher Kritik ausgesetzt. Der Raum gleiche einer Garage, meinte ein amerikanischer Journalist, die Bühne ohne Versenkung, Schnürboden und Seitenbühne sei für aufwendige Inszenierungen unbrauchbar. Seitdem hier auch Opern aufgeführt wurden, mußten die Musiker ihre Pulte schon mal an beiden Seiten des Zuschauerraums aufstellen.

Als 1927 mit Beethovens *Fidelio* erstmals eine Oper im Festspielhaus inszeniert wurde, sang die Sopranistin **Lotte Lehmann** (1888–1976) die Leonore. In dieser Rolle und als Marschallin in Richard Strauss' *Der Rosenkavalier* blieb die Primadonna ohne Starallüren unübertroffen. Sie war in den zwanziger und dreißiger Jahren der gefeiertste Opernliebling der Festspiele. Bereits in ihren Anfängen hatte sie als Eurydike den großen Caruso begeistert und als Mimi Puccini zu Tränen gerührt. Die Frau mit den vielen Talenten, die malte, töpferte und Gedichte schrieb, hatte ihre Gesangskarriere mit eiserner Disziplin betrieben. Dem Engagement einer Nachbarin war es zu verdanken, daß die aus ärmlichen Verhältnissen stammende Lehmann nicht Lehrerin wurde, sondern kostenlos Gesangsunterricht und anschließend Zugang zu einer privaten Gesangsschule erhielt. Allerdings drohte ihr Glücksstern zu verlöschen, als die Schulleiterin ihr unterdurchschnittliches Talent bescheinigte. Der Vater, der schon früher gemeint hatte, »mit dem Singen kann's ja doch nichts werden«, schickte seine Tochter daraufhin auf eine Handelsschule. Lotte Lehmann leistete jedoch energisch Widerstand und wandte sich an die Sängerin Mathilde Mallinger, die sofort von ihrer Stimme begeistert war. Plötzlich fand der Vater, »so wie Lotte kann doch keiner singen«, und überredete einen Kunstmäzen, seiner Tochter ein Studium zu finanzieren. Selbst ließ er sich pensionieren, damit sie nicht allein in eine Welt »voll drohender Gefahr« ziehen mußte.

Lotte Lehmann als Marschallin im *Rosenkavalier* von Richard Strauss

In ihrer ersten Rolle am Hamburger Stadttheater hatte die Sängerin schreckliches Lampenfieber. Die eigenen Arme und Beine waren ihr im Weg. Zeitungen bescheinigten ihr

Lotte Lehmann, begleitet von Bruno Walter, 1937

denn auch »rührende Unbeholfenheit« und »mangelnde Gesangs- und Spielbegabung«. Allmählich gewann sie aber an Selbstsicherheit und konnte ihren ersten größeren Erfolg als Elsa in Wagners *Tannhäuser* feiern. Der Durchbruch zu einer internationalen Karriere gelang Lotte Lehmann 1916 in Strauss' *Ariadne auf Naxos*. Ursprünglich nur als zweite Besetzung vorgesehen, sprang sie bei der Premiere für die erkrankte Sopranistin ein. Eine führende Zeitung berichtete: »Um acht Uhr 30 wußte sozusagen ganz Wien, wer Lotte Lehmann ist.«
Richard Strauss ließ die Sängerin von nun an immer wieder Hauptrollen in seinen Opern singen. »In ihr vereinen sich eine seelenvolle Stimme und ausgezeichnete Textaussprache mit genialer Darstellungskraft und schöner Bühnenerscheinung zu einer seltenen Interpretin gerade meiner Frauenrollen!« äußerte er sich bewundernd. Als 1926 mit *Ariadne auf Naxos* erstmals die Oper eines zeitgenössischen Komponisten bei den Salzburger Festspielen aufgeführt wurde, mußte sie natürlich die Ariadne singen. In den dreißiger Jahren feierte sie dann unter Arturo Toscanini große Erfolge. Seine Inszenierung des *Fidelio*, in dem sie die Leonore sang, geriet zur Sensation. Kritiker schrieben, Lotte Lehmann habe ein wahres »Feuerwerk an Leidenschaften« entfacht und gesungen, »als wäre es ihr Abschied von Zeit und Ewigkeit«.
Wenngleich Erika Mann Lotte Lehmann für »unpolitisch wie die Musik selbst« hielt, war die Sängerin eine entschiedene Gegnerin der Nationalsozialisten und tat dies auch Hermann Göring, der sie als führende Soprani-

stin nach Berlin holen wollte, kund. Sie bekam Auftrittsverbot und emigrierte nach Amerika, wo sie ab 1942 nur noch Konzerte gab. 1951 nahm die »liebe Frau Sonne«, wie Thomas Mann sie gerne nannte, endgültig Abschied von der Bühne.
Über Gänge, an Garderoben vorbei und durch Kellerräume gelangen Sie zur größten Festspielbühne.

❹ Das Große Festspielhaus

Seit Ende der zwanziger Jahre war ein größeres Festspielhaus gefordert worden, doch erst 1956 machte sich der mittlerweile 70jährige Clemens Holzmeister an eine Verwirklichung. Eigentlicher Bauherr aber war Herbert von Karajan (vgl. S. 139 ff.), der modernste Technik wünschte und den Fortschritt des Baus eifrig überwachte. Die Bühne wurde in den Mönchsberg gesprengt und erreicht eine Ausdehnung von 100 m in der Länge und 22 m in der Breite. Damit zählt sie zu den größten Opernbühnen der Welt.
Nach der Führung gehen Sie Richtung Altstadt und biegen bei der Franziskanerkirche links in die Sigmund-Haffner-Gasse ein. Gleich links, gegenüber dem Eingang zur Kirche, steht das schmale Haus Nr. 20.

❺ Ehemaliges erzbischöfliches Kapellhaus Sigmund-Haffner-Gasse 20

Hier wurden die Domkapellknaben von 1677 bis 1922 unterrichtet. Einer von ihnen war der junge **Carl Maria von Weber** (1786–1826), der 1797

Carl Maria von Weber, Stich von Johann Joseph Neidl, um 1804

mit der Theatergruppe seiner Eltern nach Salzburg kam. Das Kind, von dessen heller, schöner Stimme die ganze Stadt sprach, erhielt von Michael Haydn Gesangsunterricht und wurde von diesem in den Anfängen des Kontrapunktes unterwiesen. Als die geliebte Mutter Genofeva Weber kurz darauf starb, verließ der Vater mit dem Sohn die Stadt.
1801 kehrte Carl Maria von Weber noch einmal nach Salzburg zurück und nahm sich ein Zimmer in der Getreidegasse – man weiß heute nicht mehr wo. Um die Ecke wohnte Ignaz Thaddäus Susan, der sich liebevoll an des Freundes »Stübchen« erinnerte, »wo du mir so manche Nächte vorphantasiertest, und wo ich den Flügelschlag des jungen Adlers damals so kräftig erkannte und seinen einstigen Schwung voraussagte«. Zum Kompo-

nieren begab sich Weber gerne zu Susan in die Brotgasse, bis ihn »das Teufels-Gekrächze der links und rechts wohnenden Musik-Dilettanten ... mit unwiderstehlicher Gewalt davontrieb«. Unter der Aufsicht seines ehemaligen Lehrers Haydn komponierte Weber das Singspiel *Peter Schmoll und seine Nachbarn*, das Haydn als »mannhaft und vollkommen nach den wahren Regeln des Contrapunctes bearbeitet, mit vielem Feuer und Delikatesse« lobte. Es wurde 1803 im Hoftheater uraufgeführt. Außerdem entstand eine Messe, mit der sich der junge Komponist vergeblich um eine Anstellung am Hof bewarb. Daraufhin verließ er im Sommer 1802 Salzburg.

Ein paar Schritte weiter sehen Sie die Schaufenster der

❻ Galerie Welz
Sigmund-Haffner-Gasse 16

Mit seinen dicken Brillengläsern sah Friedrich Maximilian Welz (1903–1980) nicht gerade wie jemand aus, der das Sehen zu seinem Beruf macht. Doch setzte der Kunsthändler und Verleger durch seine engagierte Ausstellungstätigkeit entscheidende Impulse für die Neubelebung der österreichischen Kunstszene nach dem Zweiten Weltkrieg. 1934 hatte er die väterliche Rahmenhandlung übernommen und eine Galerie eröffnet, in der das internationale Festspielpublikum Werke von Gustav Klimt, Egon Schiele, Alfred Kubin und Oskar Kokoschka sehen konnte. Sein organisatorisches Talent bewies er sechs Jahre später mit einer vielbeachteten Makart-Ausstellung in der Residenz. Nach 1945 stellte er Alfred Kubin und Marc Chagall, Max Beckmann, Henri de Toulouse-Lautrec, Georges Rouault, Henry Moore, Fritz Wotruba und viele andere aus und veröffentlichte in seinem 1948 gegründeten Verlag *Galerie Welz* die Werkverzeichnisse von Klimt und Kokoschka. Mit letzterem verband ihn eine tiefe und produktive Freundschaft. Die beiden eröffneten 1953 auf der Festung Hohensalzburg die *Schule des Sehens* (vgl. S. 30ff.), der Welz bis 1963 als organisatorischer Leiter vorstand. Großzügige Schenkungen aus der Sammlung Welz haben den Grundstock für die *Moderne Galerie und Graphische Sammlung* des Salzburger Kunstmuseums *Rupertinum* gelegt.

Der Kokoschka-Sammler Friedrich Welz

Maria Anna (Nannerl) Mozart. Ölbild von Pietro Antonio Lorenzino (?), 1763

Sie bummeln die Sigmund-Haffner-Gasse weiter bis zum

❼ Barisanihaus
Wohnhaus von Maria Anna Mozart
Sigmund-Haffner-Gasse 12

Das Leben von Mozarts Schwester Maria Anna (1751–1829), genannt Nannerl, die gerne als fade, langweilige »Spießbürgerin« von »penetranter Farblosigkeit« charakterisiert wird, war eigentlich schon vorüber, als sie ihr 18. Lebensjahr erreichte. Lange das einzige Kind, das nicht früh starb, hatte sie von ihrem Vater eine gründliche musikalische Ausbildung erhalten. Als sich auch bei ihrem fünf Jahre jüngeren Bruder Wolfgang eine außergewöhnliche Musikalität zeigte, präsentierte der stolze Vater seine beiden Wunderkinder an den europäischen Fürstenhöfen. Natürlich erntete der Jüngere größere Bewunderung, zumal er mit eigenen Kompositionen brillieren konnte, doch auch das Cembalospiel der Schwester wurde ehrfürchtig bestaunt.

Nachdem sie zu einer jungen Frau herangewachsen war, ließ der Vater Nannerl zu Hause, wenn er mit seinem Sohn auf Reisen ging. Obwohl sie darunter litt, von der weiten Welt ausgeschlossen zu sein, fand sie in Salzburg ausreichend Zerstreuung. Sie hatte viele Freundinnen, ging ins Theater und auf Bälle und war als Klavierlehrerin beim Adel begehrt. Auf ihr Äußeres legte sie großen Wert und war über die neuesten Moden immer bestens unterrichtet.

Nannerl Mozart rebellierte nicht gegen dieses mittelmäßige Leben und scheint sich damit abgefunden zu haben, daß ihr musikalisches Talent – sie soll auch komponiert haben – über Klavierunterricht und gelegentlichen Ständchen verkümmerte. Auffällig oft flüchtete sie sich allerdings in Krankheiten. So auch 1782, als der Vater ihr die Liebeshochzeit mit dem Hofmeister Franz Armand d'Ippold untersagte und statt dessen einen alten Hausfreund, den Verwaltungsbeamten und Pfleger von St. Gilgen Berchtold zu Sonnenburg, als Ehemann für sie aussuchte. Sie zog nach St. Gilgen, wo fünf aufsässige Stiefkinder auf sie warteten. Die Ehe mit dem biederen Berchtold zu Sonnenburg wurde zu einem Gefängnis. Zwar durfte sie weiter Klavier spielen, jede Reise nach Salzburg mußte sie sich jedoch erbetteln. Abgeschnitten von der Welt, dem Theater und der Musik, litt sie unter der bäuerlichen Enge.

Erst der Tod ihres Mannes 1801 beendete diese unglücklichen Jahre. Die 50jährige zog mit ihren beiden Töchtern zurück nach Salzburg, wo sie im Barisanihaus eine Wohnung fand, und widmete sich dem Erbe ihres Bruders. Obwohl sie von einer guten Pension lebte, gab sie wieder Klavierunterricht und wurde im Alter öfter von Bewunderern Wolfgang Amadeus Mozarts besucht. Es beglückte sie besonders, wenn ihr Neffe Franz Xaver zu ihr kam. Mit 75 erblindete sie und verbrachte die letzten Lebensjahre bis zu ihrem Tod 1829 liegend im Bett. Sie wurde auf dem Friedhof von St. Peter beigesetzt.

Neben dem Basanihaus stoßen Sie auf eine Toreinfahrt, den Ritzbogen. Hier befindet sich die

❽ Buchhandlung Höllriegl Sigmund-Haffner-Gasse 10

Die Buchhandlung Höllriegl ist die älteste Europas. Auf Anregung des Aufklärers **Lorenz Hübner** (1751–1807) wurde hier 1784 ein Lektürekabinett eingerichtet, in dem die Bürger für sieben Gulden elf gelehrte Zeitungen, 53 deutsche, englische, italienische und französische Journale, 35 Romane und 78 Periodika lesen konnten. Erzbischof Hieronymus Graf Colloredo hatte den Theologen und Journalisten 1783 von München nach Salzburg geholt, wo Hübner 16 Jahre lebte und wirkte. Er organisierte das Zeitungswesen der Stadt neu und gab u. a. die *Oberdeutsche Allgemeine Litteratur-Zeitung* heraus, die wegen ihres freisinnigen Tons vorübergehend in Bayern verboten war. Für die süddeutsche Aufklärung war diese Zeitung ein zentrales Organ. Außer seiner herausgeberischen und verlegerischen Tätigkeit schrieb Lorenz Hübner über die Geschichte und Topographie der Stadt, verfaßte Erbauungsschriften und mehrere Schauspiele. 1799 warb ihn der bayerische Kurfürst Maximilian IV. nach München ab, wo Hübner 1807 überraschend im Alter von 54 Jahren starb.

Lorenz Hübner,
Ölbild von Barbara Krafft

Sie bleiben auf der Sigmund-Haffner-Gasse und folgen dieser bis zum Haus Nr. 6, dem

❾ Geburtshaus von Salome Alt und Wohnhaus von Sigmund Haffner Sigmund-Haffner-Gasse 6

Im Herbst 1568 kam hier die schöne, anmutige Ratsherrentochter Salome Alt (1568–1633) zur Welt. Ihrem Zauber verfiel Erzbischof Wolf Dietrich von Raitenau (vgl. S. 126 f.), der trotz seiner geistlichen Würde die weltlichen Freuden liebte. Da Salome Alt sich seinem Charme nicht entziehen konnte, ließ sie sich auf das folgenschwere Wagnis ein, heimlich mit ihrem Geliebten in der Residenz zusammenzuleben. Ein Hauskaplan soll das Paar dort getraut haben. Natürlich kam der Skandal ans Licht. Die politischen Gegner des Erzbischofs spielten die verbotene Liebe gegen ihn aus, und die empörten Eltern Salome

Sigmund Haffner d. J., ein Freund von Wolfgang Amadeus Mozart

Alts verstießen ihre Tochter. Diese speiste nun an der Hoftafel, und man sah sie am Arm des Erzbischofs durch die Stadt spazieren. Jenseits der Salzach ließ Wolf Dietrich ein Landschloß mit einer herrlichen Gartenanlage für sie erbauen und nannte es, seinen und ihren Namen vereinend, Schloß Altenau. Hier gebar sie im Laufe der nächsten Jahre 15 Kinder.

Es war weniger die moralisch anfechtbare Beziehung als vielmehr das ins Maßlose gehende Regiment Wolf Dietrichs, das den Domklerus und die Salzburger Bürgerschaft mehr und mehr erzürnte. Je stärker der Erzbischof angefeindet wurde, desto seltener zeigte sich Salome Alt öffentlich, um nicht durch ihre Gegenwart zu provozieren. Der Untergang war indes nicht mehr aufzuhalten. Als ein bayerisches Heer das Erzbistum 1611 angriff, flüchtete Wolf Dietrich aus der Stadt, nachdem er noch veranlaßt hatte, daß Salome Alt mit den Kindern in Sicherheit gebracht wurde. Sobald sie Salzburg verlassen hatte, bemächtigten sich die Bischofsgegner des Schlosses und benannten es, um sogar die letzte Spur zu tilgen, in Mirabell um. Salome Alt blieb lediglich ein Haus in Wels. Den auf der Flucht ergriffenen und auf der Hohensalzburg eingekerkerten Erzbischof konnte sie dank der Hilfe der Nonnberger Äbtissin heimlich besuchen. Nach seinem Tod 1617 vereinsamte die erzbischöfliche Geliebte, die so gar nichts Mätressenhaftes hatte, und starb 1633 in Wels.

Im 18. Jahrhundert ist das Haus der Familie Alt in den Besitz der Kaufmannsfamilie Haffner übergegangen. Sigmund Haffner der Ältere war der inoffizielle Bankier von Fürsterzbischof von Schrattenbach und Bürgermeister der Stadt. Mit seinen Kindern Sigmund und Elisabeth war Wolfgang Amadeus Mozart eng befreundet. Für den Polterabend Elisabeths schrieb dieser eine *Serenade in D-Dur*, und anläßlich der Nobilitierung Sigmunds 1782 entstand innerhalb von 48 Stunden eine weitere *Haffner-Serenade*, die Mozart später zur *Haffner-Symphonie* umarbeitete.

Sie gehen zurück zur Buchhandlung Höllriegl und biegen links in die Churfürststraße ein, die auf den Alten Markt führt. Gleich an der linken Ecke steht das

⑩ Café Tomaselli
Alter Markt 9

Schon Mozart besuchte dieses Kaffeehaus, das damals »Staigerische Caffetterie« oder »Gwölb« hieß. Mit dem kulinarischen Angebot war Mozart allerdings nicht zufrieden. Den Inhaber bezeichnete er als »Patron des brennsuppen Còffé (und) der schimmlichten Limonade«. Heute ist das Tomaselli ein beliebter Treffpunkt für Festspielkünstler und -gäste.

Sie überqueren den Alten Markt Richtung Residenzplatz und biegen auf der gegenüberliegenden Seite bei der Nr. 13 in die kleine Brodgasse ein. Nicht zu übersehen ist am Anfang der Gasse die

⑪ Café-Konditorei Fürst
Brodgasse 13

»Konditor in Salzburg hätte man werden müssen!« seufzt der Ich-Erzähler in Erich Kästners *Der kleine Grenzverkehr*. Das könnte auf die 1884 gegründete Konditorei Fürst gemünzt sein. Als sich die Stadt auf ihren berühmten Sohn zu besinnen begann, kam der gewiefte Konditor Fürst auf die Idee, den Salzburgern Mozart etwas schmackhafter zu machen. Er kreierte 1890 sog. Mozart-Bonbons, die 1905 in Paris mit einer Medaille prämiert wurden. Da Fürst die Leckerei nicht patentieren ließ, wurden die marzipangefüllten Schokoladenkugeln bald überall als Mozartkugeln angeboten.

Im Garten des Café Tomaselli:
Felix Salten, Lotte Lehmann, Bruno Walter, Dusolina Giannini und Virgilio Lazzari (von li. nach re.)

Franz Schubert, Aquarell von Wilhelm August Rieder, 1825

Sie gehen die Brodgasse entlang und stoßen auf die Judengasse, wo Sie sich nach rechts wenden. Nach wenigen Metern sehen Sie auf der rechten Seite das Haus Nr. 8 mit der

⓬ Gedenktafel für Franz Schubert Judengasse 8

In diesem Haus war Franz Schubert (1797–1828) mit seinem Freund, dem Hofopernsänger Johann Michael Vogt, im Sommer 1825 auf ihrer Reise durch das Salzkammergut bei dem Kaufmann Johann Christian Pauernfeind zu Gast. Schubert besuchte das Grabmal Michael Haydns in St. Peter, bestieg den Mönchsberg und staunte über leerstehende Paläste und herrliche Plätze, auf denen zwischen den Pflastersteinen das Gras wuchs. Bei seiner Ankunft hatte die Stadt auf ihn »einen etwas düstern Eindruck (gemacht), indem ein trübes Wetter die alten Gebäude ... verfinsterte, und überdies die Festung ... in alle Gassen der Stadt ihren Geistergruß herabwinkte«. Als die Sonne tags darauf durchbrach, lobte er Salzburg jedoch als einen paradiesischen Ort von »unaussprechlicher Schönheit«.

Nach diesem Abstecher lassen Sie sich durch die belebte Judengasse treiben. Schräg gegenüber dem Alten Rathaus erinnert eine Gedenktafel am Haus Nr. 2 an das

⓭ Wohnhaus von Heinrich Ignaz Franz Biber Rathausplatz 2

Die 1100-Jahr-Feier des Erzbistums Salzburg wurde 1682 pompös begangen. Den Glanzpunkt setzte die Messe im Dom mit einer monumentalen 53stimmigen Festmusik, die den Kirchenraum erzittern ließ. Sechs Chöre verteilten sich auf Altären und Emporen und jubelten sich mit strahlenden Stimmen zu. Die vier Domorgeln donnerten, und zwei Trompeten- und Paukenchöre jagten den Zuhörern Schauer über den Rücken, als sie das *Benedictus qui venit* mit einer prachtvollen Fanfare zur Ehre Gottes und der Macht des großen Stadtstaats eröffneten. Da der Name des Komponisten auf der mit 82 × 57 cm überdimensionalen Partitur nicht verzeichnet war, geriet dieser in Vergessenheit. Erst kürzlich entschlüsselten Musikwissenschaftler die Handschrift als die von Heinrich Ignaz Franz Biber (1644–1704). Seither gilt Biber, den Paul Hindemith als »größten deut-

schen Barockkomponisten vor J. S. Bach« bezeichnete, als Urheber der *Missa Salisburgensis*.
Der Sohn eines Schützen aus Böhmen kam als 16jähriger an die Wiener Hofkapelle, wo er bei Johann Heinrich Schmelzer Geige und Komposition studierte. Sein Violinspiel erreichte bald eine Virtuosität, die seinen Ruhm begründen sollte. Zunächst trat der junge Musiker eine Stelle im Erzbistum Olmütz an, quittierte aber nach zwei Jahren den Dienst und wechselte als Hofgeiger und Kammerdiener an den erzbischöflichen Hof in Salzburg, damals eine glänzende hochbarocke Festung des katholischen Glaubens. Während die schlimmsten Hexenprozesse in der Geschichte der Stadt tobten und in dem Zauberer-Jackl-Prozeß 130 Menschen, zumeist vagabundierende Frauen, Kinder und Jugendliche, grausam gefoltert, anschließend erdrosselt, verbrannt oder dem Fallbeil übergeben wurden, komponierte Biber für die höfische Unterhaltung Tafelmusiken, Kammer- und Kirchensonaten und spielte Kaiser Leopold I. seine Geigensonaten vor.
Daß er »nicht nur schnelle Finger und einen ebensolchen Bogen (hatte), sondern auch einen besonders aktiven Ellbogen«, mußte der Komponist Georg Muffat (vgl. S. 42 f.) erfahren, dessen Aufstieg Biber erfolgreich entgegenarbeitete. Mit einem Jahreseinkommen von 850 Gulden war Biber die unangefochtene musikalische Autorität der Stadt. Ab 1690 lebte er mit seiner großen Familie – elf Kinder waren aus der Ehe mit einer reichen Salzburger Bürgerstochter hervorgegangen – in

Heinrich Ignaz Franz Biber, 1681

diesem Haus am Rathausplatz. Im Sommer zog er sich in ein Häuschen nahe dem Lorettokloster zum »studio musicalis« zurück und komponierte Kantaten, Opern, Geigensonaten und geistliche Werke, von denen viele verlorengegangen sind. Zur letzten Befriedigung seiner Eitelkeit fehlte ihm nur noch der Adelstitel, den er nach mehrmaligem Ersuchen vom Kaiser empfing. Heinrich Ignaz Franz von Bibern, wie er sich in seinen letzten Lebensjahren nannte, starb 1704 als hochangesehener Musiker.
Sie setzen den Weg geradeaus fort und gelangen in die wohl bekannteste Straße Salzburgs: die Getreidegasse. Bei der Nr. 3a kommen Sie durch einen Durchgang in einen kleinen Hof. Eine Gedenktafel erinnert an August Bebel.

⓮ Schatz-Durchhaus
Getreidegasse 3

Mit Politik hatte **August Bebel** (1840–1913) nichts im Sinn, als er sich mit einem Freund kurz nach Neujahr 1859 auf der Suche nach Arbeit zu Fuß bei klirrender Kälte Salzburg näherte. »Wir standen wie gebannt, als wir ... die Stadt mit ihren vielen Kirchen und der italienischen Bauart, überragt von der Feste Salzburg, vor uns liegen sahen«, erinnerte sich Bebel in seiner Autobiographie *Aus meinem Leben*. Der spätere Gründer der Sozialdemokratischen Arbeiterpartei Deutschlands fand hier in der Getreidegasse eine Anstellung als Drechslergeselle, durfte am Mittagstisch der Meisterfamilie sitzen und lebte ansonsten »ausschließlich von Schwarzbrot und Milch«, es sei denn, er stahl heimlich einen Pfirsich aus dem Mirabellgarten. Jeden Sonntag verbrachte er einige Stunden im Café Tomaselli und las alle Zeitungen, die ihm in die Hände fielen. Trotz seiner protestantischen Konfession trat er einem katholischen Gesellenverein bei und wurde prompt dazu verdonnert, auf der Weihnachtsfeier des Vereins, zu der auch der Erzbischof und der Abt von St. Peter kamen, ein Gedicht vorzutragen. Vor Aufregung verhaspelte sich der noch unbeholfene Redner ordentlich. Als Bebel Ende Februar 1860 aus Salzburg fortging, verließ er die Stadt nicht ohne Bedauern.

Zurück in der Getreidegasse, gelangen Sie nach wenigen Metern links zu

⓯ Mozarts Geburtshaus
Getreidegasse 9

Im dritten Stock dieses Hauses kam am 27. Januar 1756 Wolfgang Amadeus Mozart (1756–1791), für seinen Biographen Wolfgang Hildesheimer der »größte und geheimnisvollste Musiker aller Zeiten«, zur Welt. Zweifellos lag etwas Rätselhaftes über dem Leben Mozarts, dessen Name für »alles Jenseitig-schöne und Diesseitig-ahnungsvoll-Beschwingte« steht. Schon als Dreijähriger setzte er sich ans Klavier und erfreute sich am Wohlklang der Terzen. Wenige Jahre später amüsierte er die Gäste der Familie, wenn er ungeschickt zum Federkiel griff und ein Notenblatt vollkleckste. Stellte sich bei näherem Hinsehen heraus, daß sich hinter dem Gekleckse eine wohldurchdachte Komposition verbarg, ergriff die Anwesenden ehrfurchtsvolles Staunen. Der Vater Leopold Mozart (vgl. S. 119ff.), der die Erziehung seines Sohnes und der ebenfalls hochbegabten Schwester in die Hand nahm, sah in ihren ungewöhnlichen Talenten schnell eine Goldgrube und stellte seine Karriere als Hofgeiger und Vizekapellmeister zurück, um seine Wunderkinder der Welt vorzuführen.

1762 reiste die Familie nach München und Wien, wo der kecke, dralle Mozart, mit gepuderter Perücke und feinen Spitzen wie ein Herr ausstaffiert, der entzückten Kaiserin auf den Schoß sprang. Mit kostbaren Geschenken kehrten die Mozarts nach Salzburg zurück, um nach diesem erfolgversprechenden Anfang 1763 zu einer mehrjährigen Europareise aufzubre-

Maria Anna, Wolfgang Amadeus und Leopold Mozart, 1780/1781.
Im Hintergrund ein Porträt von Anna Maria Walburga Mozart

chen. Wohin die Familie auch kam, überall präsentierte der Vater seine Kinder wie zwei dressierte Zirkusäffchen: Sie mußten ihre technische Brillanz auf dem Klavier und der Geige unter Beweis stellen, von Zuhörern mitgebrachte Noten vom Blatt spielen, Töne und Tonintervalle bestimmen oder auf einer verdeckten Tastatur rasante Tonfolgen meistern.

Mochten die Vorführungen für die Kinder auch etwas Spielerisches haben, so war das Reisen doch strapaziös. Als sie nach knapp vier Jahren nach Salzburg zurückgekehrt waren, ging es schon bald wieder nach Wien, wo der junge Mozart an den Blattern erkrankte. Zurück blieben entstellende Narben. Außerdem mögen die hektischen Jahre für die große Unruhe verantwortlich sein, die der Komponist nie mehr los wurde. Seine Schwägerin berichtete später, daß seine Hände und Füße immer in Bewegung waren. Manchmal sprang er vom Klavier auf, hüpfte über Tische und Sessel, miaute dabei wie eine Katze und schlug ausgelassen Purzelbäume.

Nachdem die Schwester herangewachsen war, reiste der Vater mit seinem Sohn alleine. Diesmal ging es nach Italien, das den jungen Salzburger mit offenen Armen empfing. Die *Accademia Filarmonica* in Verona ernannte ihn zum Ehrenkapellmeister, der Papst verlieh ihm die seltene Würde eines *Ritters vom Goldenen Sporn*, nur eine feste Anstellung fehlte noch. Als diese auch nach der dritten Italienreise 1772/73 ausblieb, kehrten Vater und Sohn nach Salzburg zurück, wo Mozart, mittlerweile Mitglied der Hofkapelle, fast vier Jahre blieb. Obwohl die Residenzstadt mit ihren Theatern und Maskenbällen genug Zerstreuungsmöglichkeiten bot, fühlte er sich in seiner Geburtsstadt unwohl. Der Weitgereiste begann sich seiner künstlerischen Einmaligkeit bewußt zu werden und litt unter dem Mittelmaß der Hofmusik und der Gängelei des Erzbischofs. Freiheit atmete er für wenige Monate in München, wo er 1775 seine Opera buffa *La finta giardiniera* aufführte.

Als Mozart 1777 eine längere Reise durchsetzen konnte, fuhr er diesmal in Begleitung seiner Mutter. Der Vater, der aus der Ferne alles wie ein Adler überwachte, mußte mit ansehen, wie der Geist der Rebellion von seinem Sohn Besitz ergriff. Dieser verliebte sich in Mannheim in die Sängerin Aloysia Weber und spann mit ihr gemeinsame Zukunftsträume, gegen die der Vater seine ganze Autorität ausspielen mußte. Schließlich unterwarf sich Mozart dem väterlichen Willen und reiste ohne Aloysia nach Paris. Elf Jahre zuvor hatten die Pariser das Wunderkind enthusiastisch gefeiert, nun wollte niemand mehr etwas von ihm wissen. Er war gezwungen, Unterricht zu geben, was »ganz wieder mein genie, wieder meine lebensart (ist)«, wie er klagte. Als die Mutter starb, zitierte der Vater seinen Sohn zurück nach Salzburg. Da ihm die Aussicht auf den erzbischöflichen Dienst verhaßt war, zögerte er die Rückkehr über die Maßen hinaus.

Es dauerte aber noch mehr als ein Jahr, ehe es zum Bruch mit dem Erzbischof kam. Der überwältigende Erfolg der *Idomeneo*-Aufführung in München 1781 hatte Mozarts Selbstbewußtsein so gestärkt, daß er sich nicht mehr in den höfischen Verhaltenskodex mit seinen Unterwürfigkeitsritualen einzupassen vermochte. Vom Erzbischof als Lump und Lausbube beschimpft, wurde der Aufmüpfige mit einem Fußtritt aus seinem Amt gejagt. Die ersten Jahre in Wien, wo Mozart fortan lebte, waren für ihn besonders glücklich. Frisch in Constanze Weber verliebt, frei und als Musiker gefragt, lebte er auf großem Fuße. Mit seiner Oper *Die Entführung aus dem Serail* errang er überraschend einen sensationellen Durchbruch. Kaiser Joseph II. soll zu ihm gesagt haben: »Zu schön für unsere Ohren, und gewaltig viel Noten, lieber Mozart«, worauf dieser antwortete: »Grade so viel Noten, Majestät, als nötig sind.«

Je reifer aber seine Kompositionen wurden, auf desto größeres Unverständnis stießen sie beim Publikum, während seine Wiener Musikerkollegen den Konkurrenten fürchteten und mit Intrigen vom Hofe fernzuhalten suchten. Mozart selbst war so naiv, sich nicht um seine Kollegen zu scheren. Nur Joseph Haydn bewunderte er uneingeschränkt und ließ sich von

Wolfgang Amadeus Mozart als Ritter vom Goldenen Sporn.
Kopie eines anonymen Ölbildes, Salzburg, 1777

dessen Streichquartetten inspirieren. Nach den anfänglichen Erfolgen in Wien hatte Mozart bald Schwierigkeiten, Aufträge zu bekommen. Damit schlichen sich Geldnot und Verzweiflung in sein Leben. Durch seine geradezu fürstliche Freigebigkeit und Verschwendungssucht – Mozart legte größten Wert auf feine Kleidung und edle Delikatessen – war das Verdiente schnell ausgegeben. Seit Ende der achtziger Jahre schrieb der Komponist entwürdigende Bittbriefe an seinen Logenbruder Michael Puchberg, der den Musiker mit kleinen Geldsummen aushielt.

Nur außerhalb der Stadt, etwa in Prag, wo er 1787 als Komponist des *Figaro* und des *Don Giovanni* gefeiert wurde, begegnete ihm die Welt mit Freundlichkeit. Nach dem schweren Jahr 1790, das er vereinsamt und fast ohne Aufträge in Wien verbracht hatte, schien sich 1791 endlich das Blatt zu wenden. Der Prinzipal und Schauspieler Emanuel Schikaneder beauftragte ihn mit der Komposition der *Zauberflöte*, die ein umwerfender Erfolg wurde.

Mozart aber war erschöpft und kränkelte. Da bestellte ein finster blickender, hagerer Mann ein Requiem bei ihm. Mozart hatte, obzwar er die Welt leidenschaftlich liebte, eine starke Beziehung zum Tod. Nun sah er in dem unheimlichen Auftraggeber – wie wir heute wissen, ein Diener des Grafen Walsegg-Stuppach, der Mozart einen Streich spielen wollte – einen Boten des Todes, der ihm auferlegte, seine eigene Totenmesse zu schreiben. Wie eine dämonische Macht ergriff diese Vorstellung Besitz von der Phantasie des fiebernden Komponisten. Besessen arbeitete er, selbst noch auf dem Totenbett, an seinem »Grabgesang«, den er nicht mehr vollenden konnte. Ob der Tod ihm schließlich als »wahrer, bester freund der Menschen« begegnete, wie ihn Mozart 1787 seinem Vater tröstend beschrieben hatte, nahm er als Geheimnis mit in sein unbekanntes Grab.

Wenige Meter weiter treffen Sie rechts auf das

⓰ Wohnhaus von Anton Cajetan Adlgasser Getreidegasse 16

Der Hoforganist und Komponist Anton Cajetan Adlgasser (1729–1777) war zu Mozarts Zeiten neben Michael Haydn die führende Persönlichkeit im Salzburger Musikleben. Er komponierte geistliche Werke und Opern, die heute weitgehend in Vergessenheit geraten sind. Mit Leopold Mozart verband ihn eine Freundschaft, seine Tochter Maria Victoria Cäcilia war lange Jahre Nannerls engste Freundin. Adlgassers plötzlicher Tod während eines Gottesdienstes bewegte die Gemüter. In seiner unverblümten Art berichtete Leopold Mozart: »Als er nach dem ersten Psalm abschlueg, so grief er ganz abscheulich herum und konnte zu keinem Ende kommen, nach dem zweyten Psalm giengs noch schlechter, so daß er ... mit der rechten und lincken Hand so darangrieff als wenn ein Hund über die Orgl lief, alles glaubte er wäre besoffen ...« Wenige Stunden später war Adlgasser tot.

Wolfgang Amadeus Mozart folgte ihm im Amt des Domorganisten.
Ein Stück weiter kommen Sie zum Haus Nr. 28, dem

⑰ Wohnhaus von Marie Mösner Getreidegasse 28

Von den Wunderkindern Mozart erzählte man sich höchstens noch Legenden, als das Geschwisterpaar Christian (?–1852) und Marie Mösner (1838–1884), das hier in der Getreidegasse aufwuchs, mit seinen Duos für Klavier und Geige die Musikkenner der Stadt aufhorchen ließen. Von dem musikalischen Wunder unterrichtet, finanzierte die Kaiserinwitwe Caroline Auguste Christian Mösner eine Geigenausbildung in Wien, während Marie am Konservatorium in München Klavier- und Harfenunterricht erhielt. Dort gewann sie mit zwölf Jahren einen Klavierwettbewerb. 1855 schloß sie ihr Studium in Paris ab und erhielt, noch nicht 20jährig, eine Professur am Straßburger Konservatorium. Ihr Bruder war drei Jahre zuvor überraschend gestorben.

Marie Mösner

Da die Professur mehr Ehre als Geld einbrachte, reiste sie als Soloharfenistin von einer europäischen Stadt zur nächsten. Die »Kammervirtuosin«, wie sie sich seit 1861 nennen durfte, zog sich nach diesen anstrengenden Konzerttourneen oft in das Haus ihres Großvaters am Kapuzinerberg zurück. Als ihr Nachbar Graf Philipp von Spaur sich in die Musikerin verliebte, gab sie 1863 die Musik auf, um sich als Gräfin Spaur gesellschaftlichen Pflichten zu widmen.
Auf der anderen Straßenseite liegt etwas weiter vorne das

⑱ Hotel Blaue Gans Getreidegasse 43

Hier stieg der Maler Paul Klee (1879–1940) 1899 ab. »Der Empfang bestand in einem unerhörten Regenguß«, erinnerte er sich. Mit der Unterkunft traf er es ebenfalls nicht besonders gut. »Ich erhielt ein letztes Zimmer, das Fenster sah auf das Treppenhaus.« Das kümmerte ihn aber wenig, denn er stürzte sich in die »herrliche Stadt« und besichtigte alles, was ein kleiner Stadtführer ihm an Sehenswürdigkeiten nahelegte: das Mozarteum, den

Paul Klee, 1911

Mönchsberg, den Friedhof St. Peter und den Residenzplatz mit seinem »verstimmten Glockenspiel«.

Am Ende der Getreidegasse biegen Sie links in die Bürgerspitalgasse ein. Nach wenigen Metern sehen Sie rechts die nach den Plänen von Johann Bernhard Fischer von Erlach errichtete Pferdeschwemme. Gegenüber liegt der Herbert-von-Karajan-Platz. Diesen überquerend, kommen Sie zum Universitätsplatz. Rechts zieht sich das Studiengebäude der Alten Universität bis zur Kollegienkirche entlang.

⑲ Alte Universität und Gymnasium Universitätsplatz 1

Erzbischof Paris Lodron krönte 1622 seine Amtszeit mit der Gründung einer Universität, die er den Benediktinern unterstellte. Sie erlangte zwischenzeitlich nach Wien und Leipzig die größte Bedeutung unter den deutschsprachigen Universitäten und bildete in den knapp 200 Jahren ihres Bestehens etwa 32 000 Studenten aus. Der bekannteste unter ihnen war der spätere Hofprediger **Abraham a Sancta Clara** (1644–1709), der von 1659 bis 1662 in Salzburg studierte. Zehn Jahre später überraschte er mit seinen geistreichen Sonn- und Festtagspredigten das kaiserliche Wien und stieg zu einem der erfolgreichsten Autoren des Barock auf. Seine unter dem Eindruck der Belagerung Wiens durch die Türken entstandene Schrift *Auff, auff ihr Christen* nahm Schiller als Vorlage für seine Kapuzinerpredigt im *Wallenstein*.

Ein Kommilitone von Abraham a Sancta Clara war der gebürtige Salzburger **Simon Rettenpacher** (1634–1706). Der gelehrte Benediktiner, der mit den *Kremsmünster Annalen* die erste wissenschaftlich fundierte Geschichte Oberösterreichs verfaßte und zudem Gedichte, Satiren und Dramen schrieb, kehrte 1671 als Professor für Ethik und Geschichte noch einmal für fünf Jahre an die Salzburger Universität zurück. Während dieser Zeit war der bedeutende Barockdichter und -gelehrte auch für das in der Universität unterhaltene Benediktinertheater verantwortlich. Fast 100 Jahre nachdem Rettenpacher hier Schuldramen inszeniert hatte, stand der junge Mozart in diesem Theater im Rampenlicht, als 1767 seine Schuloper *Apollo und Hyacinthus* aufgeführt wurde. Und weitere 200 Jahre später, als das Theater längst in den akademischen

Festsaal Aula Academica umgewandelt worden war, konnte mancher die Lesungen von Thomas Mann und Elias Canetti hier erleben.
1810 wurde die Alte Universität aufgelöst und in ihren Räumen ein Gymnasium eingerichtet. Einer der ersten Schüler war der Dichter **Ferdinand Sauter** (1804–1854). Nach dem frühen Tod seines Vaters verbrachte er die Kindheit in Salzburg bei einem Onkel. Das Gymnasium, das er ab 1812 besuchte, brach er mit 15 Jahren ab und schlug sich mit Gelegenheitsarbeiten in Wien durch. In dieser Zeit begann er, Gedichte zu schreiben, und freundete sich mit Franz Grillparzer, Adalbert Stifter und Nikolaus Lenau an. Es gelang ihm aber nicht, eine gesicherte Existenz aufzubauen. Er lebte in außerordentlich armen Verhältnissen, gab sich dem Alkohol hin und verkam zusehends. 50jährig starb er an Cholera, ohne die Veröffentlichung seiner Gedichte noch miterlebt zu haben.

Johann Nepumuk Hummel nach einer Lithographie von Pierre Roch Vigneron

Übrigens war Sauter nicht der einzige künstlerisch begabte Schüler, der an dem Gymnasium scheiterte. Nach ihm brachen Alfred Kubin und Georg Trakl frühzeitig die Schullaufbahn ab. Hermann Bahr machte 1881 zwar eine glänzende Matura, schockierte in seiner Abschlußrede die anwesenden Festgäste aber derart, daß der Schuldirektor den Hut nehmen mußte.
Gegenüber vom Mitteltrakt des Universitätsgebäudes steht das

⑳ Wohnhaus von Joseph Friedrich Hummel Universitätsplatz 6

Joseph Friedrich Hummel (1841–1919) wurde 1880 zum Direktor des Mozarteums berufen. Die Salzburger verehrten den Kapellmeister, Komponisten und begnadeten Musikpädagogen, der gewöhnlich mit Melone, Vatermörder und einer Virginiazigarre im Mund durch die Altstadt eilte. »Durch drei Jahrzehnte« sei er »die musikalische Seele, das musikalische Gewissen Salzburgs« gewesen, meinte ein Schüler von Hummel. Er leitete die *Salzburger Liedertafel* und den *Damenverein Hummel* und baute innerhalb kürzester Zeit ein Mozart-Orchester von höchster Qualität auf, das er fast 30 Jahre dirigierte. Hummel fühlte sich als Direktor des Mozarteums nicht nur dem großen Sohn der Stadt verpflichtet, sondern interessierte sich auch für zeitgenössische Musik. Selbst komponierte er unter dem Einfluß von Carl Maria von Weber und Richard

Ludwig Richter, Bleistiftzeichnung von Carl Peschel, 1827

Wagner geistliche Stücke, die einen romantischen Geist atmen, und führte 1891 erstmals in Salzburg eine Bruckner-Symphonie und 1899 Richard Strauss' *Tod und Verklärung* auf. Nach seinem Tod gründeten Freunde und Schüler die Hummel-Gemeinde.
Zwei Häuser daneben erinnert eine Gedenktafel an das

㉑ Logis von Ludwig Richter Universitätsplatz 8

Der bedeutende Vertreter der deutschen Spätromantik (Adrian) Ludwig Richter (1803–1884) kam auf seiner Reise nach Rom 1823 durch Salzburg und bezog hier bei einer Witwe und ihren drei Töchtern für mehrere Wochen Unterkunft. In der gemütlichen Wohnung fühlte er sich gleich »wie zu Hause« und fand in dem Gymnasialprofessor Thurnwieser, der ebenfalls in dem Haus wohnte, einen begeisterten Führer, der Richter durch die Stadt bis nach Leopoldskron begleitete und mit ihm das verödete Schloß nach Gemälden durchstöberte. Richter malte und zeichnete von früh morgens bis zum Abend. Am liebsten ging er auf den Mönchsberg und erwartete unter einer schattigen Lindengruppe die Abendstunde. In der Dunkelheit bummelte er anschließend durch die verwinkelten Gassen und suchte in den Herbergen nach einem »wandernden Kunstgenossen«, den die Sehnsucht wie ihn nach Rom zog. Da er keinen Begleiter fand, verließ er Salzburg schließlich Anfang August 1823 alleine. Die Früchte seines Aufenthalts, eine Radierreihe vom Salzburger Land, erschien 1830 bei C. G. Börner in Leipzig.
Schräg gegenüber sehen Sie die

㉒ Kollegienkirche

Die strenge Kollegienkirche mit ihrer kraftvollen Fassade, die sich mächtig zwischen den beiden Türmen vorwölbt, ist ein Meisterwerk des Architekten **Johann Bernhard Fischer von Erlach** (1656–1723), der seit 1694 den Barock in Salzburg zur Blüte führte. Anders als im festlichen süddeutschen Hochbarock entwickelte Fischer von Erlach eine strenge, ins Heroische gehende Architektursprache, die er in seinen Salzburger Sakralbauten, der Kollegienkirche und der Dreifaltigkeitskirche am Makartplatz, vollendet zum Ausdruck brachte.

Die Kollegienkirche, in der Mozarts *Missa brevis* in d-Moll 1769 urauf-

Szene aus dem *Salzburger Großen Welttheater* in der Kollegienkirche

geführt wurde, ist 1922 zum Spielort von Hofmannsthals *Salzburger Großem Welttheater* geworden. Max Reinhardt konnte seinen Förderer und Freund, Erzbischof Ignatius Rieder, dazu überreden, nach dem Erfolg des *Jedermann* nun auch seine Zustimmung zu einem Mysterienspiel in einer Kirche zu geben. Menschen sollten »vor Gott ihr Lebensspiel aufführen«, Theater sollte wie ein Gottesdienst zelebriert werden. Als Vorlage für das ehrgeizige Unterfangen diente Calderóns *Großes Welttheater*, das Hofmannsthal zu einem modernen Mysterienspiel umarbeitete. Die Uraufführung 1922 mit Alexander Moissi in der Hauptrolle, gespielt auf einer einfachen Bretterbühne vor dem abgedeckten Altar, wurde zwar begeistert aufgenommen, hatte auf Dauer aber nicht den Erfolg wie der *Jedermann*.

Seit Ende der sechziger Jahre wird die Kollegienkirche wieder gelegentlich als Festspielstätte, vor allem für Oratorien von Georg Friedrich Händel, genutzt.

Der Spaziergang endet hier.

**Der Mirabellgarten.
Im Hintergrund: Dom und Hohensalzburg**

Fünfter Spaziergang
»O alte Stadt voll immer jungen Lichtes«
Rund um das Schloß Mirabell

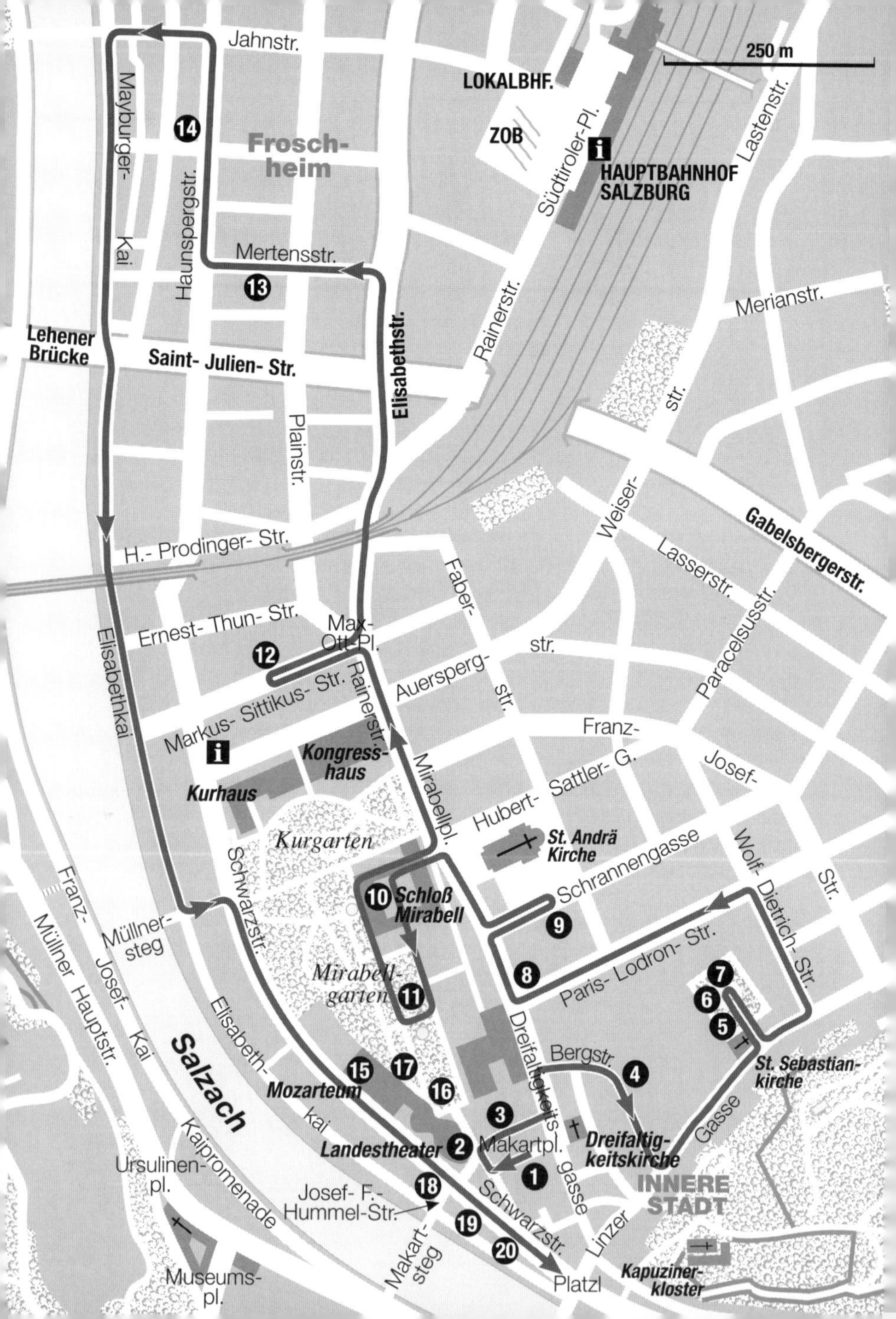

250 m
Jahnstr.
LOKALBHF.
ZOB
HAUPTBAHNHOF SALZBURG
Südtiroler-Pl.
Lastenstr.
Froschheim
Mayburger-Kai
Haunspergstr.
Mertensstr.
Lehener Brücke
Saint- Julien- Str.
Elisabethstr.
Rainerstr.
Merianstr.
Plainstr.
Weiser-str.
Gabelsbergerstr.
H.- Prodinger- Str.
Faber-str.
Lasserstr.
Paracelsusstr.
Ernest- Thun- Str.
Max-Ott-Pl.
Auersperg-str.
Markus- Sittikus- Str.
Rainerstr.
Franz-Josef-Str.
Elisabethkai
Kongresshaus
Kurhaus
Hubert- Sattler- G.
Mirabellpl.
Kurgarten
St. Andrä Kirche
Schrannengasse
Wolf- Dietrich- Str.
Schwarzstr.
Schloß Mirabell
Müllnersteg
Paris- Lodron- Str.
Franz-Josef-Kai
Müllner Hauptstr.
Mirabellgarten
Elisabeth-kai
Bergstr.
Dreifaltigkeitsgasse
St. Sebastiankirche
Gasse
Salzach
Mozarteum
Landestheater
Makartpl.
Dreifaltigkeitskirche
Kaipromenade
Ursulinenpl.
INNERE STADT
Josef- F.- Hummel-Str.
Schwarzstr.
Linzer
Makartsteg
Museumspl.
Platzl
Kapuzinerkloster
1
2
3
4
5
6
7
8
9
10
11
12
13
14
15
16
17
18
19
20

Auf den Spuren von Mozarts Vater, extravaganten Komponisten und großen Dirigenten, einem eigenwilligen Literaten und einer energischen Sängerin geht der Spaziergang vom Makartplatz über den Sebastiansfriedhof zum Schloß Mirabell. Von hier führt er hinaus aus der Innenstadt und an der Salzach zurück auf die Schwarzstraße mit ihren noblen Hotels und Cafés.
Der Spaziergang beginnt auf dem Makartplatz. Die obere Stirnseite wird von der Dreifaltigkeitskirche gekrönt, in der östlichen Häuserzeile steht das

❶ Tanzmeisterhaus
Makartplatz 8

Im geräumigen Tanzmeisterhaus, das Freunden und Bekannten stets offenstand, lebte **Leopold Mozart** (1719–1789) ab 1773 mit seiner Familie. Zu seiner Zeit als Kirchen- und Instrumentalmusiker geschätzt, ist er der Nachwelt vor allem als »gelehrter Vater eines genialen Sohnes« in Erinnerung geblieben. Sobald Leopold Mozart die außergewöhnliche Begabung seines Sohnes erkannt hatte, wurde dessen Erziehung sein Lebensziel. Der tiefgläubige Vater betrachtete Wolfgangs Talent als »Wunder«, »welches Gott in Salzburg hat lassen gebohren werden«. Seine, Leopolds, Schuldigkeit sei es, »die Welt dieses wundershalben zu überzeugen«.
Der älteste Sohn eines Augsburger Buchbindermeisters kam 1737 zum Studium nach Salzburg, wo er im Jahr darauf den Grad eines Baccalaureus der Philosophie erwarb. Da er im Anschluß seine Vorlesungen nur unregelmäßig besuchte, wurde er relegiert. Leopold Mozart, der schon in Augsburg zwei Kirchenchören angehört hatte, wandte sich jetzt endgültig der Musik zu und trat 1740 als Kammerdiener und Geiger in den Dienst des Domherrn Graf Thurn-Valsassina und Taxis. 1743 wurde er Mitglied der Hofkapelle, als »festbesoldet« konnte er sich ab 1747 betrachten. Das monatliche Gehalt von 20 Gulden erlaubte ihm, an eine Eheschließung mit Anna Maria Walburga Pertl (1720–1778), Tochter des verstorbenen St. Gilgener Pflegkommissars, zu denken. Es war eine Liebesheirat, denn Geld brachte die 26jährige nicht mit in die Ehe. Die beiden, die als schönstes Paar Salzburgs galten, mußten sparen, »im Orden der geflickten Hosen« wurde jeder Gulden zweimal umgedreht. Sieben Kinder brachte Anna Maria Mozart zur Welt, von denen aber nur das Nannerl und Wolfgang länger als ein halbes Jahr am Leben blieben. 1756 erschien Leopold Mozarts *Versuch einer gründlichen Violinschule*, mit der er sich weit über Salzburg hinaus einen Namen machte. Kurz darauf stieg er zum Hof- und Kammerkomponisten auf, 1763 erhielt er den Posten des Vizekapellmeisters, der den Endpunkt seiner Karriere am Hof markieren sollte.
Um seine Wunderkinder bekanntzumachen, unternahm Mozart zwischen 1762 und 1773 eine Reise nach der anderen. Später kam er nicht mehr weiter als nach Augsburg, München oder Wien, unterhielt aber mit dem reiselustigen Sohn einen regen Brief-

wechsel. Neben persönlichen Angelegenheiten spielten darin kompositorische Fragen eine große Rolle. Leopold Mozart sparte nicht mit gutgemeinten Ratschlägen wie dem, »Kurz – leicht – popular« zu schreiben. Es komme nicht auf die wenigen Musikkenner, sondern auf das zahlende Publikum an. »Ruhm und Ehre in der Welt zu machen«, das sei Wolfgang seinem »von dem Gütigsten Gott erhaltenen auserordentlichen Talente schuldig«. Der Sohn antwortete beschwichtigend, gab vor, ein gehorsamer filius zu sein, und tat doch, was er wollte. Die Entfremdung zwischen Vater und Sohn war nicht mehr aufzuhalten, als Mozart 1781 mit dem Erzbischof brach. Auch der Vater, lange ein Halbgott für Mozart, fühlte sich entmachtet und setzte seinem Sohn brieflich mit bitteren Vorwürfen zu. Mozart antwortete gekränkt: »Ich muß ihnen gestehen, daß ich aus keinem einzigen zuge ihres briefes, meinen Vatter erkenne! – wohl einen vatter, aber nicht den Besten, liebvollsten...« Daß er ein Jahr später auch noch Constanze Weber heiratete, verzieh der Vater seinem Sohn nie. Zum endgültigen Bruch kam es indes nicht.

Obwohl es im Tanzmeisterhaus nach dem Weggang Wolfgangs und dem Auszug der Tochter 1784 einsam wurde – seine Frau Anna Maria war bereits 1778 in Paris gestorben – blieb Leopold Mozart hier wohnen. Die »Totenstille« in der großen Wohnung bedrückte ihn, und er klagte: »Wenn ich wenigstens den Hund noch

Das Tanzmeisterhaus. Ölgemälde von Karl Hayd, um 1920

Leopold Mozart. Stich von Jakob Andreas Friedrich, 1756

Schnarchen und Bellen hörte!« Vorbei waren die Zeiten, als die Mozarts Freunde wie Lorenz Hagenauer, Sigmund Haffner oder den Abbé Bullinger, die Tochter des Eisenwarenhändlers, Luise Robinig, die Gräfin Maria Anna Lodron mit ihren Töchtern, Michael Haydn oder Anton Cajetan Adlgasser im Tanzmeistersaal zu ihren Hauskonzerten empfingen. Vorbei war auch das ausgelassene Bölzlschießen im Garten, ein Preisschießen auf Scheiben, die mit derben Sprüchen und oft mit anzüglichen Darstellungen geschmückt waren. Erst als der knapp 70jährige Nannerls Sohn »Leopoldl« zu sich nahm, kehrte noch einmal für eine kurze Zeit Leben am Hannibalplatz, wie der Makartplatz damals hieß, ein.

Heute ist in dem Gebäude ein Museum untergebracht, in dem eine Musikinstrumentensammlung zu sehen ist und Wolfgang Amadeus Mozarts Kompositionen für Salzburger Freunde dokumentiert sind.

Aus dem Museum kommend, gehen Sie nach links und stoßen an der südöstlichen Ecke des Platzes auf das Haus Nr. 1, in dem der Physiker und Mathematiker Christian Doppler (1803–1853) geboren wurde. Sie überqueren die Straße und stehen vor dem

❷ Landestheater Schwarzstraße 22

1775 öffnete Fürsterzbischof Hieronymus Graf Colloredo an dieser Stelle die Tore des Lodronschen Ballhauses

Emanuel Schikaneder, nach einem Kupferstich von Philipp Richter

für die Öffentlichkeit und verpflichtete wandernde Schauspieltruppen, italienische und französische Opern, deutsche Singspiele, Ballette, Komödien und Melodramen aufzuführen. Eine der ersten Wandergruppen an diesem Hoftheater war die *Schikanedersche Schauspielergesellschaft*. In der Wintersaison 1780/81 bot sie unter ihrem vielseitigen Prinzipal **Emanuel Schikaneder** (1751–1812) den Salzburgern bunte Unterhaltung. Die Familie Mozart freundete sich sofort mit Schikaneder an und erhielt für die gesamte Spielzeit freien Einlaß. Sie revanchierte sich für seine Freigebigkeit, indem sie ihn zum Bölzlschießen oder Kegelschieben einlud. Wolfgang Amadeus Mozart traf Schikaneder zehn Jahre später in Wien wieder, wo der umtriebige Theatermacher Mozart überredete, sein Libretto *Die Zauberflöte* zu vertonen. Im Salzburger Hoftheater wurde die Oper 1797 unter der Intendanz des Aufklärers Lorenz Hübner und des Kammersängers Giuseppe Tomaselli erstmals aufgeführt. Das Hoftheater wurde Ende des 19. Jahrhunderts abgerissen und durch das heutige Gebäude ersetzt.

Vom Landestheater gehen Sie den Makartplatz an der Westseite hinauf bis zum

❸ Hotel Bristol
Makartplatz 4

Der Regisseur und amerikanische Kulturbeauftragte Ernst Lothar (1890–1974), der nach dem Zweiten Weltkrieg engagiert am Neubeginn der Festspiele mitwirkte, arrangierte 1949

Bruno Walter

im Hotel Bristol ein Treffen zwischen **Bruno Walter** (1876–1962) und **Wilhelm Furtwängler** (1886–1954). Unterschiedlicher konnten zwei Menschen nicht sein: Bruno Walter war ein sanfter »Botschafter der Musik«. Als Jude hatte er 1933 Deutschland verlassen müssen. Furtwängler hingegen war ein weltfremder, vom klassisch-humanistischen Ideal überzeugter Künstler. Da er an die Autonomie der Musik glaubte und deshalb überzeugt war, der Musiker stehe über der Politik, war er als Leiter der Berliner Philharmoniker bis 1945 im Nazi-Deutschland und in den besetzten Gebieten aufgetreten. Von den Gegensätzen ihrer Lebenswege abgesehen, standen beide Dirigenten seit den zwanziger Jahren in einer gewissen Konkurrenz, weil sie sich der Interpretation klassischer und romantischer Werke verschrieben hatten. Furtwängler war der pathetischere von beiden, ein Ausdrucksmusiker, der jedes Konzert als gesteigertes Gefühlserlebnis zelebrierte. Walters Konzerte waren lyrischer, leichter und anmutiger, mit eleganter Hand führte er den Taktstock wie ein Florett.

Bisher waren sich die beiden Dirigenten aus dem Weg gegangen, nun wollte Lothar sie für eine Zusammenarbeit bei den Festspielen gewinnen. Mit dem fast 80jährigen Bruno Walter hoffte er, an die Glanzstunden der Vorkriegszeit anknüpfen zu können. Von 1925 bis 1937 hatte Walter an den Festspielen mitgewirkt und mit seinen Mozart-Interpretationen Begeisterte aus aller Welt an die Salzach gelockt. Furtwängler nahm seit 1948 entscheidenden Einfluß auf das Festspielgeschehen. Das Treffen im Bristol scheint die beiden einander nähergebracht zu haben und bereitete den Weg für einen glanzvollen Festspiel-

Wilhelm Furtwängler dirigiert die Wiener Philharmoniker, 1947

sommer 1949. Bruno Walter dirigierte Mahlers *Das Lied von der Erde*, das er 1911 uraufgeführt hatte, und Furtwängler leitete in der Felsenreitschule eine bewegende *Zauberflöten*-Inszenierung. Während der Arie der Königin der Nacht wurde das Rolldach aufgeschoben, und die Sterne glänzten still an einem rabenschwarzen Nachthimmel. Bis zu Furtwänglers Tod 1954 waren beide Künstler die Publikumsmagneten der Festspiele. Walter trat noch zwei weitere Jahre auf und verabschiedete sich 1956 mit Mozarts *Requiem* von der Festspielbühne.

Bei der Dreifaltigkeitskirche wenden Sie sich nach links, um nach wenigen Metern rechts in die Bergstraße zu gelangen mit dem

Hugo Wolf, 1884

❹ Wohnhaus von Hugo Wolf Bergstraße 8

Ein einziges Mal in seinem Leben nahm der Komponist Hugo Wolf (1860–1903) eine feste Stelle an, als er 1881 als zweiter Kapellmeister an das Salzburger Stadttheater kam. Doch scheiterte Wolf bereits nach zwei Monaten. Das unberechenbare Temperament und der unorthodoxe Führungsstil des 21jährigen stießen auf helle Empörung. So soll er die Probe einer Strauß-Operette mit den Worten abgebrochen haben: »Ach, laßt's das Zeug stehen, ich spiel' Euch lieber was aus'n Tristan vor.« Nach solchen Eskapaden gefeuert, verließ er Anfang 1882 das Theater, das er wütend als »Saustall« beschimpfte. Fortan lebte er von der mageren Unterstützung seiner Familie und Freunde in Wien. Seine Liedkompositionen fanden kein Publikum in der Opernstadt Wien. Zudem belächelten ihn Kollegen wie Richard Strauss oder Hanns Eisler als »genialen Dilettanten«, weil er weitgehend Autodidakt war. Erst die Nachwelt erkannte die Bedeutung des übersensiblen, am Ende dem Wahnsinn verfallenen Komponisten. In Salzburg, kurze Zwischenstation in einem tragischen Leben, wurde Wolfs Oper *Der Corregidor* 1936, 33 Jahre nach seinem Tod, erstmals unter der Leitung Bruno Walters während der Festspiele aufgeführt.

Am Ende der Bergstraße biegen Sie links in die Linzer Gasse ein und stoßen links auf die Kirche St. Sebastian. Unmittelbar neben der Kirche führt ein Weg auf den Sebastiansfriedhof. In der Mitte erhebt sich die nach

Entwürfen von Elia Castello erbaute Gabrielskapelle, das Mausoleum Erzbischof Wolf Dietrich von Raitenaus. Auf dem Weg zu diesem Monument kommen Sie links zum

❺ Grab der Familie Mozart Sebastiansfriedhof

Die Stille über dem Familiengrab täuscht darüber hinweg, daß sie vor mehr als 150 Jahren Anlaß zu Unfrieden gab. Hier lagen bereits Mozarts Großmutter Eva Rosina Pertl, Leopold Mozart, dessen Schwiegersohn Johann Baptist Berchtold zu Sonnenburg und eine Tochter von Nannerl Mozart begraben, als Mozarts Witwe Constanze 1826 ihren zweiten Mann Georg Nikolaus von Nissen an der Seite ihres Schwiegervaters beisetzen ließ. Möglicherweise rächte sie sich mit dieser Wahl dafür, daß Leopold Mozart sie nie als Ehefrau seines Sohnes anerkannt hatte. Nannerl war über die Beisetzung Nissens derart empört, daß sie testamentarisch St. Peter als Grabstätte bestimmte. Nachdem Constanze das Familiengrab gewissermaßen okkupiert hatte, fanden weitere Mitglieder aus dem Weberschen Familienkreis hier ihre letzte Ruhestätte: sie selbst, ihre Schwestern Aloysia Lange und Sophie Haibl, die 1895 jedoch exhumiert wurden, sowie ihre Tante Genofeva Weber:

❻ Grab von Genofeva Weber im Familiengrab der Mozarts

Die aus einer bäuerlich-handwerklichen Allgäuer Familie stammende

Genofeva Weber, Miniatur

Genofeva Brenner (1764–1798) verlor bereits mit neun Jahren ihre Mutter, woraufhin sie auf ungeklärtem Wege nach Neapel kam. Dort fristete sie mehr schlecht als recht ihr Dasein, bis Kaiser Joseph II. zufällig auf dieses arme, aber talentierte »Ding, das nicht einmal das tägliche Brot zu essen« hatte, aufmerksam wurde. Er vermittelte ihr in Wien eine musikalische Ausbildung, doch gelang ihr kein Durchbruch als Sängerin. Vielleicht gab die 21jährige deshalb dem Werben eines 30 Jahre älteren geltungssüchtigen Kapellmeisters und Komponisten nach, der sich großspurig Franz Anton »von« Weber nannte.

Nach der Heirat 1785 gingen sie nach Eutin, wo Weber als »Stadt-, Land- und Amtsmusicus« wirkte und der Sohn Carl Maria zur Welt kam. Da die Einkünfte magerer ausfielen als erwartet, kehrte die junge Familie nach Wien zurück. Franz Anton Weber gründete die bald überall gefragte *von Webersche Schauspielergesellschaft,* der auch Genofeva angehörte. Von der Geburt einer Tochter erholte sie sich nicht mehr. Krank traf sie im Herbst 1797 in Salzburg ein. Das »rauhe Klima der Gebirgsstadt« bekam ihr nicht, und sie starb im folgenden Frühjahr. Tief erschüttert über den Tod seiner Mutter schrieb Carl Maria von Weber an seinen einstigen Klavierlehrer Johann Peter Heuschkel: »Daß ich meine liebe unvergeßliche Mutter bereits am 13. März dieses Jahres leider! verloren habe, werden Sie schon wissen. Ach Gott! Ein unersetzlicher Verlust für mich!«

Nach wenigen Schritten betreten Sie die

Wolf Dietrich von Raitenau ...

❼ Gabrielskapelle

Der runde Spätrenaissancebau mit seinen bunten Wandfliesen birgt das Grab des wohl umstrittensten Erzbischofs von Salzburg: Wolf Dietrich von Raitenau (1559–1617). Als Sohn eines deutschen Kriegsoberst, Enkel Claras von Medici und Neffe des heiligen Borromäus vereinte er »deutsches Eisen, den Glanz der Medizäer und einen Tropfen Heiligkeit im Blut«, wie Hermann Bahr bemerkte. Der hochgebildete Wolf Dietrich regierte seinem von Machiavellis *Il Principe* beeinflußten Herrschaftsverständnis gemäß als absoluter Fürst. Da er die italienische Renaissance nach Salzburg bringen wollte, machte er die Stadt zu einer riesigen Baustelle. Seine Bauwut – allein 55 Häuser soll er gekauft, abgerissen und durch Palazzi ersetzt haben – verschlang Unsummen, doch kümmerte ihn der

... und seine Geliebte Simone Alt

Zorn des Domklerus und der Salzburger wenig. Selbstherrlich leistete er es sich, die bürgerliche Schöne Salome Alt als Geliebte zu halten und ihr ein Lustschloß zu bauen. »So große Menschen sind unbequem, sie muten ihrer Zeit mehr zu, als sie ertragen kann, bald lauert ihnen überall Neid, Unverstand, Furcht, gekränkter Ehrgeiz ... auf«, urteilte Bahr. Doch es war nicht der Neid, der dem Erzbischof zum Verhängnis wurde, sondern ein blutiger Streit um das Halleiner Salz mit Bayern. Wolf Dietrich, der nach eigenem Bekenntnis lieber Soldat als Erzbischof geworden wäre, hielt dem Druck des ausbrechenden Kriegs nicht stand. Er floh und wurde von bayerischen Verfolgern gefangengenommen. »Lieb ist Leids Anfang«, schrieb er an die Wand seiner Gefängniszelle in Hohenwerfen, von wo er auf die Feste Hohensalzburg gebracht wurde. Die Freiheit erlangte er nicht mehr. Er starb nach fünfjähriger Gefangenschaft in Einsamkeit. Bescheiden wollte der in der Haft bußfertig Gewordene beerdigt werden, doch sein Nachfolger Markus Sittikus bereitete ihm ein aufwendiges Begräbnis.

Nach dem Verlassen des Friedhofs wenden Sie sich nach links. Nach wenigen Metern geht es links in die Wolf-Dietrich-Straße. An der nächsten Kreuzung gehen Sie wiederum links in die Paris-Lodron-Straße, die am Lorettokloster vorbei zum Mirabellplatz führt. Am Ende der Straße sehen Sie rechts den Eingang zum Hotel Austrotel.

❽ Ehemaliger Gasthof Zum Rothen Krebs
Heute Austrotel
Paris-Lodron-Straße / Ecke Mirabellplatz

Der literarisch gebildete Regimentsarzt Heinrich von Schullern (1865–1955), der Lehrer und Schriftsteller Hans Demel-Seebach (1872–1932) und der Komponist August Brunetti-Pisano (1870–1943) gründeten 1897 die *Salzburger Literatur- und Kunstgesellschaft Pan*, die sich als »Opposition zum herrschenden rigiden konservativen Kunstklima« verstand. Unter dem Einfluß der Wiener Sezession wollte die Gruppe, zu der Schriftsteller, Maler und Musiker gehörten, aktiv am künstlerischen Schaffen ihrer Gegenwart teilhaben. Sie verehrten Gerhart Hauptmann, Friedrich Nietzsche, Gustav Klimt und die Musik von Gustav Mahler. Zweimal im Monat trafen sich die Mitglieder in den Kellerräumen des *Rothen Krebs*, um zu diskutieren und aus ihren Werken vorzulesen. Die Gesellschaft gab die Zeitschrift *Kyffhäuser* heraus und veröffentlichte 1913 den Sammelband *Salzburg*, in dem auch Gedichte des Pan-Bruders Georg Trakl abgedruckt wurden. Für jemanden wie den Naturalisten Hans Demel-Seebach, der 1904 die Salzburger mit dem Theaterstück *Glockenspielkinder* brüskiert hatte, war Trakl ein »merkwürdig, querulanter Mensch«, der die *Pan*-Abende mit dem jungen, hochbegabten Autor Karl Hauer bis in die frühen Morgenstunden durchzechte. Obwohl die Gesellschaft mehr als 15 Jahre bestand, erlangte sie als Vermittlerin

Gasthof Zum Rothen Krebs

österreichischer Provinzliteratur keine größere Bedeutung.

Sie biegen an der Ecke rechts auf den Mirabellplatz, laufen an der Front des Austrotels entlang bis zur Schrannengasse und gehen wieder rechts bis zum Haus Nr. 2. Hier befand sich früher das Gymnasium

❾ Johanneum
Schrannengasse 2

Von 1945 bis 1947 besuchte **Thomas Bernhard** (1931–1989) das Johanneum. Der Sohn eines alkoholkranken Tischlers, der sich 1940 das Leben genommen hatte, und der unehelichen Tochter des Schriftstellers Johannes Freumbichler war 1943 nach einer unglücklichen Kindheit nach Salzburg gekommen. Nur bei seinem Großvater Freumbichler hatte er Liebe, Geborgenheit und Verständnis gefunden, während die Mutter mit ihm nicht zurechtkam und ihn schließlich in ein nationalsozialistisch geführtes Heim für schwererziehbare Kinder nach Thüringen schickte. Von dort wechselte Thomas Bernhard nach Salzburg in ein Internat, das er als »staatlichen Kerker« erlebte. Auch am Johanneum vermochte er später keinen Unterschied zwischen nationalsozialistischen und katholischen »Züchtigungsmethoden« auszumachen.

Der 16jährige brach das Gymnasium ab und arbeitete als Lehrling in einem Kolonialwarenladen in der ärmlichen Salzburger Scherzhauserfeldsiedlung. Hier lernte er all die gesellschaftlichen Randfiguren, Außenseiter und Einzelgänger kennen, die später in seinem Werk eine Rolle spielen sollten. Als er sich in den feuchten Räumen eine Lungentuberkulose holte, kam er ins Salzburger Landeskrankenhaus, wo sein Großvater im Sterben lag. Auf dessen Tod folgte anderthalb Jahre später der Verlust der Mutter. »Immer den Tod vor Augen«, entdeckte Thomas Bernhard das Schreiben für sich als Form des Überlebens. Er versenkte sich in Verlaine, Trakl, Baudelaire und Dostojewski. In der Lungenheilstätte Grafenhof lernte er damals die 35 Jahre ältere Hedwig Stavianicek kennen, mit der er bis zu ihrem Tod 1984 eng befreundet blieb. Die Wienerin gab ihm Geborgenheit, Bernhard meinte sogar, ihr »mehr oder weniger alles« zu verdanken – was nicht heißt, daß die Beziehung einfach gewesen wäre.

Durch die Vermittlung Carl Zuckmayers wurde Thomas Bernhard 1952 Gerichtsreporter beim Salzburger *Demokratischen Volksblatt*. Daneben studierte er am Mozarteum Gesang, Schauspiel und Regie und schrieb Gedichte, kurze Bühnenstücke und eine Kammeroper. Den literarischen Durchbruch erlebte er 1963 mit seinem ersten Roman *Frost*, in dem er das idyllische Heimatklischee demontierte, was ihm neben der Bezeichnung »Unterganghofer« vor allem begeisterte Rezensionen eintrug. Als »Sinnbild der großen Kälte« feierte Zuckmayer den Roman, und Ingeborg Bachmann schrieb: »Hier ist es, das Neue.« Der Erfolg seiner Bücher ermöglichte es Bernhard, 1965 einen Vierkanthof in Obernathal zu erwerben – das erste von insgesamt drei alten Häusern, die er kaufte und liebevoll renovierte. Da er Nähe nur schwer ertrug und oft verschlossen und depressiv war, konnte es vorkommen, daß er Besuchern schroff beschied: »Anbieten werde ich Ihnen nichts, sonst bleiben Sie zu lange.« War er hingegen gut aufgelegt, unterhielt er Freundesrunden mit seinen anregenden Erzählungen.

Seine Prosa der sechziger Jahre wurde mehrfach ausgezeichnet, wofür er sich allerdings nicht immer dankbar zeigte. Die Rede bei der Verleihung des Kleinen Österreichischen Staatspreises geriet zum Eklat, da er den Staat als »Gebilde« bezeichnete, »das fortwährend zum Scheitern verurteilt ist«, und seine Landsleute als »Geschöpfe der Agonie«. Ähnlich wie sein Verhältnis zu Österreich kam auch seine Beziehung zu Salzburg, das er in den sechziger Jahren verließ, einer Haßliebe gleich. In seinem autobiogra-

Thomas Bernhard und sein Großvater Johannes Freumbichler, 1943

Thomas Bernhard, Hedwig Stavianicek und Carla Kluge auf dem Salzburger Hauptbahnhof, 1954

phischen Rechenschaftsbericht *Die Ursache* spricht er vom »menschenfeindlichen architektonisch-erzbischöflich-stumpfsinnig-nationalsozialistisch-katholischen Todesboden« Salzburgs und bekennt zugleich: »... so ist doch alles in mir (und an mir) *aus ihr*, und ich und die Stadt sind eine lebenslängliche, untrennbare, wenn auch fürchterliche Beziehung.« Viele Salzburger dürften dies ähnlich empfunden haben. Ein juristisches Nachspiel hatte bereits 1955 ein Artikel über das Salzburger Landestheater gehabt. Sein Werk *Die Ursache* trug ihm die Beleidigungsklage eines Salzburger Pfarrers ein. An den Festspielen monierte Bernhard einerseits, es werde »Universalität geheuchelt«, erinnerte sich andererseits aber gerne, wie er als Zaungast auf dem Mönchsberg einer Aufführung der *Zauberflöte* von seinem Lieblingskomponisten Mozart lauschte: »Da saß ich unter dem Baum und hörte zu, und nichts auf der Welt hätte ich eingetauscht für diese Empfindung.«

Wie nicht anders zu erwarten, löste die erste Inszenierung eines Bernhard-Stücks bei den Festspielen einen Skandal aus. *Der Ignorant und der Wahnsinnige*, 1972 unter Claus Peymanns Regie aufgeführt, konnte nur einmal gespielt werden, weil der dramaturgischen Anweisung der völligen Finsternis am Ende des Stücks das feuerpolizeiliche Verbot, die Notbeleuchtung zu löschen, entgegenstand.

Peymann inszenierte fast alle Bernhard-Stücke, so auch das letzte: *Heldenplatz*. Diese Gesellschaftssatire mit einer beißenden Österreich-Kritik geriet schon vor der Uraufführung zum Politikum. Zu einer letzten Provokation setzte Bernhard bald darauf in seinem Testament an. Das berühmte Aufführungsverbot für seine Stücke in Österreich sorgte dafür, daß die Prozesse um sein Werk seinen Tod 1989 lange überdauerten. Kurz vorher hatte der streitbare Schriftsteller in einem Interview gestanden: »Ich bin wahrscheinlich lebenslänglich der *negative Schriftsteller*. Aber ich muß sagen, ich fühl' mich in der Rolle ganz wohl.«

Nach dem Abstecher zum Johanneum überqueren Sie den Mirabellplatz und kommen zum

⑩ Schloß Mirabell
Mirabellplatz 1

Erzbischof Wolf Dietrich von Raitenau ließ das Schloß 1606 für seine Geliebte Salome Alt errichten. Es hieß damals Schloß Altenau und war wesentlich kleiner. Anfang des 18. Jahrhunderts baute Johann Lucas von Hildebrandt die Anlage völlig um, die nach einem schweren Brand 1818 ein weiteres Mal im klassizistischen Geiste verändert wurde. Heute ist das Mirabell Sitz des Magistrats und des Bürgermeisters.

In den fünfziger Jahren des letzten Jahrhunderts beherbergte das Schloß einen besonderen Gast: den Tiroler Freiheitskämpfer und Kapuzinerpater **Joachim Haspinger** (1776–1858). 1802 war der Geistliche mit dem Spitznamen »Pater Rotbart« als Feldkaplan und Anführer einer Schützenkompanie in den Krieg gegen Napoleon gezogen, 1809 hatte er gemeinsam mit Andreas Hofer und Joseph Speckbacher einen Aufstand gegen die Franzosen vorbereitet. Und selbst als 72jähriger zog er 1848 noch einmal als Feldkaplan mit einer Tiroler Studentenkompanie nach Italien. Zehn Jahre später starb Haspinger in Salzburg.

Durch eine Tordurchfahrt kommen Sie in den

⑪ Mirabellgarten

Ein Brunnen singt. Die Wolken stehn
Im klaren Blau, die weißen, zarten.
Bedächtig stille Menschen gehn
Am Abend durch den alten Garten.

Schloß Mirabell mit Garten. Kupferstich von Johann August Corvinus und Franz Anton Danreiter, um 1730

... reimte Trakl in dem Gedicht *Musik im Mirabell*, und Mozart hatte am 13. August 1780 übermütig im Tagebuch seiner Schwester notiert: »um 7 uhr in Mirabellgarten wie man im Mirabellgarten spatzieren geht, spatzirn gegangen, wie man spatzieren geht, gegangen, wie man geht. regnerisch, doch nicht geregnet, Nach und Nach – lächelt der himmel!«

Durch den Haupteingang gelangen Sie zurück auf den Mirabellplatz und wenden sich links in die Rainerstraße. Diese führt auf den Max-Ott-Platz, der von der Markus-Sittikus-Straße durchschnitten wird. Schräg links auf der anderen Straßenseite stehen heute einige moderne Häuserblocks, denen auch das Haus Nr. 11 hat weichen müssen. Hier befand sich bis in die fünfziger Jahre die

⓬ Wohnung von Bernhard Paumgartner Ehem. Markus-Sittikus-Straße 11

Der Musikwissenschaftler, Dirigent, Komponist und ausgebildete Jurist Bernhard Paumgartner (1887–1971) war in dem Konzert der glänzenden Namen, die mit den Festspielen verbunden sind, der »unbesungene Held«. Während Persönlichkeiten wie Reinhardt, Toscanini, von Einem oder Karajan einzelne Festspielperioden prägten, blieb Paumgartner all die Jahre hindurch im Hintergrund. Er sorgte dafür, daß die Festspiele auch in

bescheidenem Rahmen im Residenzhof oder in den Kirchen für ein weniger vermögendes Publikum mit Mozartschen Serenaden, Konzerten, Divertimenti und Werken einer unbekannten Barockwelt gefeiert wurden.
Mit 20 Jahren kam der Sohn eines Pianisten und einer Sängerin als Direktor des Mozarteums nach Salzburg. Die Stadt, die ihm zu einer »lieben zweiten Heimat« wurde, verlor für ihn nie »das Feierliche, Geheimnisvolle, Märchenhafte«. Von Beginn an war Paumgartner an den Festspielen beteiligt. Auf Wunsch Max Reinhardts komponierte und dirigierte er 1920 die Hintergrundmusik für den *Jedermann* und leitete ein Jahr später mehrere Mozart-Konzerte. Obwohl Richard Strauss sich darüber ärgerte, weil er Paumgartner für einen Dilettanten und seine Konzerte für einen »Betrug an der Kunst« hielt, setzte sich dieser weiter unbeirrt für die Werke Mozarts ein und führte zahlreiche Klavierkonzerte und Serenaden auf. 1927 dirigierte er die c-Moll-Messe in St. Peter, die fortan zum festen Bestandteil der Festspiele wurde, und gründete kurz darauf das Mozart-Orchester.
Das rastlose Wirken Paumgartners endete 1938 abrupt. Die deutschen Besatzer enthoben ihn »wegen politischer Scharlatanerie« all seiner Ämter. Paumgartner überbrückte die Kriegszeit mit musikgeschichtlichen Studien in Florenz und Musikkursen in der Schweiz. 1945 erhielt er sofort das Direktorat des Mozarteums zurück und

Bernhard Paumgartner bei der Probe im Hof der Residenz, 1937

war ein Mann der ersten Stunde, als es um die inhaltliche Neufindung der Festspiele ging. Er arbeitete eng mit Gottfried von Einem zusammen und widmete sich wieder dem Mozartschen Werk. 1949 rief er die bis heute sehr beliebten Mozart-Matineen ins Leben, 1951 gründete er als Ensemble des Mozarteums die *Camerata Academica*. Im Alter wurde ihm die Ehre zuteil, die Präsidentschaft der Festspiele zu übernehmen. Paumgartner, der Reinhardt, Hofmannsthal und Toscanini noch persönlich erlebt hatte, behielt dieses Amt bis zu seinem Tod 1971.

Sie gehen über den Max-Ott-Platz und setzen den Weg auf der Rainerstraße fort. Nach der Bahnunterführung nehmen Sie die Elisabethstraße, überqueren die Saint-Julien-Straße und biegen bei der nächsten Gelegenheit links in die kleine Mertensstraße ein. Nachdem diese die Plainstraße gekreuzt hat, kommt auf der linken Seite das

⓭ Wohnhaus von Slavi Soucek Mertensstraße 14

Der Maler und Graphiker Slavi Soucek (1898–1980), der hier über 30 Jahre bis zu seinem Tod lebte, wurde in Wien geboren und studierte dort an der Graphischen Lehr- und Versuchsanstalt Kunst. In den zwanziger Jahren unternahm Soucek ausgedehnte Wanderungen durch Europa und bereiste Spanien, Italien und Frankreich. In Berlin kam er mit den Malern der *Brücke* in Kontakt, ließ sich aber stärker in Paris von den Kubisten beeinflussen. 1931 zog er nach Salzburg. In dieser Zeit waren seine Arbeiten dekorativ und poetisch, ehe er sich in den fünfziger Jahren von der Gegenständlichkeit löste und nur noch abstrakt arbeitete. Gemeinsam mit Gustav K. Beck gründete er die *Galerie Kunst der Gegenwart* in Salzburg, die seit 1954 *Graphische Versuchs-Werkstatt* heißt. Soucek, einer der führenden Gegenwartskünstler Österreichs, leitete außerdem auf der Internationalen Sommerakademie jahrelang die Lithographie-Seminare.

Die Mertensstraße stößt auf die Haunspergstraße, in die Sie rechts einbiegen. Sie folgen ihr bis zu einer alten Villa auf der linken Seite.

⓮ Sterbehaus von Hans Pfitzner Haunspergstraße 33

Der Komponist Hans Pfitzner (1869–1949) war kein einfacher Mensch. Klein und mager, mit einer unbezähmbaren Künstlermähne, einem Spitzbart und einer hohen, »ins Scharfe gehenden Stimme«, behauptete er einmal von sich selbst: »Ich bin ein böser Kerl, und in meinen Adern fließt nicht gerade Limonade.« Zwar konnte er unterhaltsam, amüsant und schlagfertig sein, meist aber war er unzufrieden, schnell beleidigt und starrsinnig bis zur Verstocktheit. Für seine Schüler, die ihn tief verehrten und »Meister« nannten, setzte er sich unermüdlich ein, mit Regisseuren, Dirigenten und Sängern hingegen lag er ständig im Streit, weil er die richtige

Auslegung seiner Werke durch die Geltungssucht und Eitelkeit der Interpreten gefährdet sah. Er litt zeitlebens darunter, nur »die Nummer 2 der öffentlichen Rangliste« zu sein. Dieses Gefühl verließ ihn auch nicht, nachdem er 1917 mit der Oper *Palestrina* den künstlerischen Durchbruch geschafft hatte.

Im Alter vereinsamte Pfitzner zunehmend. Da er sich im Dritten Reich devot als »deutscher Komponist« bei Nazigrößen angebiedert hatte – übrigens dankten sie ihm seine aufdringliche Unterwürfigkeit mit Auszeichnungen und Orden, konnten mit seiner Musik aber nichts anfangen –, zogen sich auch die Freunde, mit denen er sich noch nicht überworfen hatte, von ihm zurück. Außerdem verhängten die Amerikaner nach 1945 vorübergehend ein Auftrittsverbot über ihn. In dieser trostlosen Lage erinnerten sich die Wiener Philharmoniker an den allmählich erblindenden Komponisten und feierten ihn 1949 mit einer *Palestrina*-Aufführung. Von Wien reiste er mit seiner Frau nach Salzburg, wo das Mozarteum-Orchester wie schon im Jahr zuvor zu seinem 80. Geburtstag eines seiner Konzerte spielte. Seitdem Pfitzner 1926 in Salzburg aufgetreten war, fühlte sich der Komponist zu der Festspielstadt hingezogen. Daher meinte ein Biograph, Pfitzner habe sich die heitere Mozartstadt zum Sterben ausgesucht. Der sonst mit sich und seiner Umwelt so Unzufriedene starb kurz nach dem Geburtstagskonzert zu seinen Ehren in großem Frieden, wie seine Frau berichtete. Sein Leichnam wurde im Mozarteum aufgebahrt, und es wurde die Trauermusik aus Pfitzners frühen Oper *Rose vom Liebesgarten* gespielt. Beigesetzt wurde er auf dem Wiener Zentralfriedhof.

Hans Pfitzner, 1948

Wenige Meter weiter biegen Sie links in die Jahnstraße ein, die zur Salzach führt. Am Ende treffen Sie auf den Josef-Mayburger-Kai, der nach dem Landschaftsmaler und Lehrer von Hans Makart benannt ist. Er führt über eine Uferpromenade zurück zur Innenstadt. Sie gehen die Uferstraße, die nach der Bahnunterführung Elisabethkai heißt, bis zum Müllner Steg. Die kleine Stichstraße führt auf die Schwarzstraße, in die Sie rechts einbiegen. An der Rückseite des Mirabellgartens entlang gehen Sie bis zum linker Hand gelegenen

⑮ Mozarteum
Schwarzstraße 26/28

Das Gebäude, 1910 bis 1914 im Münchner Jugendstil errichtet, beherbergt Unterrichtsräume der Salzburger Musikhochschule, eine bedeutende Musikbibliothek mit zahlreichen Mozart-Autographen und zwei Konzertsäle. Mit der feierlichen Grundsteinlegung 1910 wurden die mehr als 50 Jahre währenden Bemühungen der Salzburger um eine lebendige Mozart-Gedenkstätte endlich belohnt. Bereits zum 100. Geburtstag Mozarts 1856 hatte sich ein *Mozart-Bauverein* konstituiert, der die verschiedenen Ausbildungsstätten für Musiker unter einem Dach zusammenbringen wollte. 1870 gründeten angesehene Bürger die *Internationale Stiftung Mozarteum*, die seit 1877 in unregelmäßigen Abständen Mozart-Feste ausrichtete. Zur Vollendung fehlte aber nach wie vor das lange geforderte Mozart-Haus. Erst ein 1909 ausgeschriebener Architekturwettbewerb brachte die Wende. Der Gewinner, der Münchner Richard Berndl, machte sich unverzüglich an die Verwirklichung des Baus, der im Kriegsjahr 1914 bezogen werden konnte. Heute ist das Mozarteum, das mittlerweile über mehrere Gebäude verfügt, eine staatlich anerkannte, bedeutende Musikhochschule.

In den Sälen des Mozarteums finden das ganze Jahr über Konzerte statt. In den Pausen können sich die Gäste in den leider nur dann zugänglichen Garten begeben. Zu Ehren der großen Förderin des Mozarteums steht hier die

⑯ Lilli-Lehmann-Linde
Garten des Mozarteums

Auf dem Mozart-Fest 1901 trat eine Künstlerin auf, die die Mozart-Pflege fortan rigoros zu ihrer eigenen Sache machen sollte, was ihr den Namen »Cosima von Salzburg« einbrachte: Lilli Lehmann (1848–1929). Der Aufstieg der gebürtigen Würzburgerin zur bedeutenden Mozart- und Wagner-Interpretin hatte am Landestheater in Prag seinen Anfang genommen. Schon zwei Wochen nach dem Debüt der 17jährigen als Erster Knabe in Mozarts *Zauberflöte* konnte man die Anfängerin in einer Hauptrolle hören. Mitten in einer Aufführung sprang sie, ohne die Rolle vorher studiert zu haben, als Pamina ein. Später sollte sie noch öfter für jemanden kühn in die Bresche springen und damit glänzen. Schließlich beherrschte sie im Laufe der Jahre mit 170 verschiedenen Rollen ein enorm breit gefächertes Repertoire.

1870 ging Lilli Lehmann als Koloratursopran an die Berliner Hofoper, 1876 holte Richard Wagner sie nach Bayreuth zur Uraufführung des *Ring* und war begeistert: »Oh! Lilli! Lilli! Ihr waret das Schönste, ... der Zauber des Ganzen.« In den folgenden Jahren führten sie Engagements nach New York, Paris, London und immer wieder nach Bayreuth, wo sie nach dem Tod Wagners mit Cosima Wagner zusammenarbeitete. Doch waren sich die beiden Frauen in Regiefragen oft uneins. Das lag nicht nur daran, daß Lilli Lehmann eine dezidiert konservative Meinung zur Regie hatte und moderne Inszenierungen ablehnte, son-

Lilli Lehmann als Donna Anna zusammen mit Francesco D'Andrade in Mozarts Oper *Don Giovanni*

dern auch an ihrem ausgeprägten Selbstbewußtsein. Das hatte ein Journalist am eigenen Leibe erfahren müssen, der in einem Artikel angedeutet hatte, die unverheiratete Sängerin sei schwanger. Lilli Lehmann marschierte stracks in die Redaktion und gab dem »Elenden für seine bodenlose Gemeinheit« eine schallende Ohrfeige.

Die energische Hand der Lehmann griff auch in Salzburg durch, wo sich der Sopranistin ein dankbares Betätigungsfeld bot. »Ich sah, wieviel es gerade hier in der Mozartstadt zu tun gab, wie nötig es wäre, daß sich praktische Künstler Mozartscher Interessen annähmen«, schrieb sie in ihren Erinnerungen. Zum 150. Geburtstag Mozarts 1906 organisierte sie bis da-

Richard Strauss, um 1900

**Gustav Mahler.
Karikatur von Hans Boehler**

hin einzigartige Festspiele. Eine ganze Woche lang feierte man sein Werk mit Kammer- und Kirchenmusik, mit Konzerten und Opern. Die Lehmann glänzte als Donna Anna in der monatelang von ihr einstudierten *Don Giovanni*-Inszenierung. Gustav Mahler dirigierte *Le nozze di Figaro* und Richard Strauss *Così fan tutte.* »Salzburg bebte vor Begeisterung«, schrieb Mahler im nachhinein. »Es war eine Art musikalischer Frühschoppen-Rettich mit Salzstangl.« Unermüdlich setzte Lilli Lehmann sich für ein Mozart-Haus ein und feierte 1909 die Grundsteinlegung des Mozarteums in Gegenwart ausgewählter Künstler und hoher Gäste mit einem Konzert- und Künstlerabend. Im fertiggestellten

Mozarteum hielt sie ab 1916 einen Sommerkurs für Stilgesang ab, aus dem sich die *Internationale Sommerakademie am Mozarteum* entwickelte. Lilli Lehmann war eine begehrte Lehrerin. Wenngleich ihre pädagogischen Qualitäten umstritten sind – für Friderike Zweig war sie ein »böser General«, der Schüler wie Sklaven tyrannisierte –, so war sie doch von einem wahrhaft missionarischen Eifer erfüllt: »Der Künstler hat die Aufgabe, das Publikum durch Darbietungen seiner wohlvorbereiteten Leistungen zu erziehen, zu veredeln.« Lilli Lehmann starb 1929 80jährig in Berlin.

Im Garten des Mozarteums steht außerdem das

⓱ Zauberflötenhäuschen
Garten des Mozarteums

Der Legende nach soll der Prinzipal Emanuel Schikaneder Mozart 1791 in Wien in dieses Häuschen eingesperrt haben, damit er ungestört an der Oper *Die Zauberflöte* arbeiten konnte. Abends besuchte Schikaneder den Komponisten mit einigen Schauspielerinnen und brachte Essen, Wein und gute Laune mit. Die Gesellschaft zechte ausgelassen und soll manche Nacht in den engen vier Wänden durchgetanzt haben. 1873 wurde das Häuschen von Wien nach Salzburg überführt, wo es seit 1951 im Garten des Mozarteums steht.

Sie wechseln am Mozarteum die Straßenseite und gehen bis zur Josef-Friedrich-Hummel-Straße, die zum Makartsteg führt. Rechts sehen Sie das

⓲ Geburtshaus von Herbert von Karajan
Josef-Friedrich-Hummel-Straße 1

Herbert von Karajan (1908–1989) stand wie kaum ein anderer Dirigent im Mittelpunkt der Öffentlichkeit. Ihn umgab eine Aura von Macht, Kälte und Disziplin. Stets auf Distanz bedacht, in Gesellschaft höflich, aber nie herzlich, stilisierte er sich zu einem Mann der »einsamen Höhe«. Seinen Beruf betrachtete er als Handwerk, das er perfekt beherrschen wollte. Nie kam er unpünktlich zu einer Probe oder einem Konzert, er studierte Partituren bis ins letzte Detail und besaß eine einzigartige Konzentrationsfähigkeit. Seine Freizeit verbrachte er mit schnellen Autos, beim Fliegen oder auf Luxusjachten. Rundfunk und Fernsehen, die er unter dem Motto »Musik für Millionen« früh als Massenmedium der Zukunft entdeckte, waren ständig auf der Jagd nach sensationellen Geschichten und Bildern

Herbert von Karajan als Junge (re.)

von ihm. Er konnte beispiellos nachtragend sein, verweigerte Auftritte in Städten, in denen das Publikum aus seiner Sicht zuwenig Applaus spendete, und war zutiefst mißtrauisch. Andererseits entdeckte und förderte er uneigennützig junge Musiker. Mit Leidenschaft hielt er Kurse für angehende Dirigenten ab und »strahlte im Umgang mit der Jugend Wärme und berührende Offenheit aus«. Vielleicht wollte Karajan dem Nachwuchs die harten Jahre ersparen, die seinem Aufstieg zur »Inkarnation musikalischer Allmacht« vorausgegangen waren.

Herbert von Karajan entstammte einem musikalischen Salzburger Haus und galt bereits als Vierjähriger am Klavier als Wunderkind. Doch der Vater, ein bekannter Arzt, fand, sein Sohn müsse einen praktischen Beruf erlernen, und die Mutter hätte ihn gerne als Bankbeamten gesehen. Deshalb studierte Karajan zunächst in Wien Technik, wechselte aber bald ans Konservatorium, bis eine Sehnenscheidenentzündung der Pianistenlaufbahn ein jähes Ende bereitete. Aus dieser unglücklichen Lage rettete ihn der Wechsel zum Dirigentenfach. Sein Debüt gab er 1927 in Salzburg, wo der Intendant des Ulmer Stadttheaters zufällig im Publikum saß. Er engagierte Karajan noch am selben Abend. Obwohl das Ulmer Orchester provinziell war, lernte Karajan in den folgenden Jahren ein ungeheuer breites Repertoire. 1934 wurde er gegen den Willen von Orchester und Publikum nach Aachen berufen, von wo aus er in den dreißiger Jahren mehrmals an die Berliner Staatsoper zu Gastspielen geholt wurde. Hier entdeckte die Presse das »Wunder Karajan«. »Schon die Tatsache, daß er auswendig dirigierte«, erregte »das Staunen der gesamten Musikwelt«, berichtet der spätere Mitarbeiter Karajans, Wolfgang Stresemann. Nur einer staunte nicht, sondern verzehrte sich vor Eifersucht: Wilhelm Furtwängler, der Alleinherrscher über die Berliner Musikszene. Als Karajan 1938 einmal Furtwänglers Philharmoniker dirigieren durfte, wuchs in ihm der unbezähmbare Wunsch, eines Tages dieses weltberühmte Orchester zu übernehmen. Doch erst Furtwänglers Tod 1954 machte diesen Traum wahr.

Obwohl Karajan mehr als 30 Jahre die Berliner Philharmoniker dirigierte und lange Zeit die Wiener Staatsoper leitete, hat er sich in keiner der beiden Städte heimisch gefühlt. Zu Hause war er in Salzburg, wo er im Vorort Anif eine Villa erwarb. Seit Ende der fünfziger Jahre nahm er immer mehr Einfluß auf die künstlerische Leitung der Festspiele. Er bestimmte nicht nur, welche Musiker eingeladen und was aufgeführt wurde, sondern hob 1967 mit einer enthusiastisch aufgenommenen *Walküre* die *Salzburger Osterfestspiele* aus der Wiege. Damit holte er Richard Wagner an die Salzach, ein zweites kleines Bayreuth entstand. Sechs Jahre später gründete er die *Salzburger Pfingstkonzerte*, so daß ein Salzburg-Besucher mit Fug und Recht behaupten kann: »Wer sich Ostern oder Pfingsten nach Salzburg begibt, tut dies nur wegen der Musik.«

Mehr als 20 Jahre blieb Karajan der »uneingeschränkte Regent« der Fest-

Herbert von Karajan bei der Probe, 1962

spiele, ehrfürchtig bestaunt, wenn er mit seinem Rolls-Royce in der Hofstallgasse vorfuhr. Trotz seiner angeschlagenen Gesundheit seit einem Schlaganfall 1978 blieb er bis kurz vor seinem Tod im Festspieldirektorium, gründete noch 1983 eine eigene Produktionsfirma und dirigierte mit eisernem Willen bis zuletzt. Er starb während der Proben zur Eröffnungspremiere der Salzburger Festspiele 1989.

Zurück auf der Schwarzstraße, sehen Sie rechts die lange Front des 1866 eröffneten Hotels

⓳ Österreichischer Hof
Schwarzstraße 5–7

Im Österreichischen Hof stiegen während der Festspiele zwei Künstler ab, die sich in kongenialer Weise ergänzten: Der Lyriker und Dramatiker **Hugo von Hofmannsthal** (1874–1929) und der Komponist **Richard Strauss** (1864–1949). »... wir sind füreinander geboren und werden sicher Schönes zusammen leisten«, schrieb der geradlinige Bayer Strauss 1906 mit visionärem Blick an den eleganten und sensiblen Hofmannsthal, Sohn einer Wiener jüdischen Kaufmannsfamilie. Das war der Anfang einer mehr als 20jährigen Zusammenarbeit, die Niederschlag in einem intensiven Briefwechsel gefunden hat. In dieser Zeit entstanden u. a. die berühmten Strauss-Opern *Elektra*, *Der Rosenkavalier*, *Ariadne auf Naxos* und *Frau ohne Schatten*, zu denen Hofmannsthal die Libretti verfaßte. Die beiden Künstler verehrten einander tief. Hofmannsthal war der Überzeugung: »Es ist sicher kein Zufall, daß zwei Individuen wie wir einander innerhalb der gleichen Epoche zu begegnen hatten.« Und Strauss meinte: »Noch nie hat ein Musiker einen solchen Helfer und Förderer gefunden.«

Als *Der Rosenkavalier* 1911 in Dresden uraufgeführt wurde, trat eine dritte Person an die Seite des künstlerischen Zweigespanns: Max Reinhardt, der beratend auf die Regie Einfluß genommen hatte und ein Jahr später die Uraufführung der *Ariadne auf Naxos* inszenierte. Das Zusammentreffen der drei war für Salzburg ein Glücksfall, denn wenige Jahre später bildeten sie den Kunstrat der Festspielgemeinde. Es ergab sich von selber, daß Hofmannsthal die Rolle des kulturpolitischen Sprechers und geistigen Mentors übernahm. Seinen Festspielgedanken (vgl. S. 91f.) verwirklichte Max Reinhardt mit der Aufführung des *Jedermann* und des *Salzburger Großen Welttheaters*.

Während Hofmannsthal ebenso wie Reinhardt der Spiritus rector der Festspiele war, beschränkte sich die Rolle von Richard Strauss zunächst darauf, prominentes Aushängeschild der Festspielgemeinde zu sein. Zwar brachte er 1922 mit Mozarts *Don Giovanni* und *Così fan tutte* erstmals die Oper auf die Festspielbühne, doch lag ihm ein größeres Engagement, selbst als er 1922 Präsident der Festspiele wurde, fern. Dennoch prägte er sie nachhaltig. Mit seiner *Ariadne auf Naxos* wurde 1926 erstmals die Oper eines zeitgenössischen Komponisten bei den Festspielen aufgeführt, der *Rosenka-*

Hugo von Hofmannsthal und Richard Strauss, 1912

valier eroberte sich kurz darauf einen festen Platz im Programm. Seit den dreißiger Jahren gehören seine Opern zu den meistgespielten nach Mozart. Als die Nationalsozialisten ihm 1934 die Teilnahme an den Festspielen untersagten, überraschte Richard Strauss das Publikum, als er nach einer *Elektra*-Aufführung aus dem Dunkel des Zuschauerraums auf die Bühne trat. Weil er sich nicht widerstandslos dem Diktat der neuen Machthaber unterwerfen wollte, war er kurz entschlossen als Privatmann nach Salzburg gereist. »... es ist eine traurige Zeit, in der ein Künstler meines Ranges ein Bübchen von Minister um Erlaubnis fragen muß, was er componieren und aufführen lassen darf«, beschwerte er sich ein Jahr später, als es wegen seines Librettisten Stefan Zweig zu einem Eklat kam, in dessen Verlauf Strauss seine Präsidentschaft in der Reichsmusikkammer niederlegte. Die Nazis ließen ihn zwar unbehelligt, doch ordnete Hitler 1944 an, den 80. Geburtstag des Komponisten nicht öffentlich zu würdigen. Salzburg scherte sich darum wenig und wollte Strauss mit der Uraufführung seiner jüngsten Oper *Die Liebe der Danae* ehren. In letzter Minute wurde die Aufführung abgesagt, doch kam es im Beisein des Komponisten zu einer ergreifenden Generalprobe vor geladenem Publikum. Nachdem der letzte Ton verklungen war, trat Strauss an die Orchesterbrüstung und sagte »mit tränenerstickter Stimme: ›Vielleicht sehen wir uns in einer besseren Welt wieder.‹« Es war sein letzter Auftritt in der Festspielstadt. Fünf Jahre später starb der greise Komponist in seinem Lieblingsdomizil Garmisch.

In dem Haus dahinter finden Sie das

Marlene Dietrich in Salzburg, 1937

⑳ Café Bazar
Schwarzstraße 3

Das *Bazar* kann auf eine stolze Zahl berühmter Gäste zurückblicken. Stefan Zweig verbrachte hier unzählige Abende und spielte mit seinem Freund Emil Fuchs Schach. Es konnte vorkommen, daß am Nebentisch der *Jedermann*-Star Alexander Moissi saß, der von sich behauptete: »Ich möchte an jedem Ort das sein, was dort am schönsten ist: also in den Alpen eine Kuh und in Wien ein Burgschauspieler.« Vor jeder Vorstellung spielte er im *Bazar* mit dem Schauspieler Raoul Lange eine Partie Schach und trank gewöhnlich dazu einen halben Liter Wein. Als Marlene Dietrich 1936 zu den Festspielen kam und mit ihren Lederhosen für einen kleinen Skandal sorgte, besuchte sie auch das *Bazar*. Ihr erstes Erscheinen auf der Terrasse des Cafés verursachte solch einen Aufruhr, daß die Polizei einschreiten mußte. Von da an kam sie täglich mit ihrer Tochter und Freunden. Der Kellner Franz, ein Original, meinte auf die Frage, was sie denn so rede: »Frau Dietrich ... nein, die sagt gar nichts: sie lächelt nur, aber wie!«

Der Spaziergang endet ein Stück weiter auf dem Platzl.

Schloß Leopoldskron

Sechster Spaziergang
»Die Landschaft dringt milde in die Stadt«
Unterwegs nach Leopoldskron

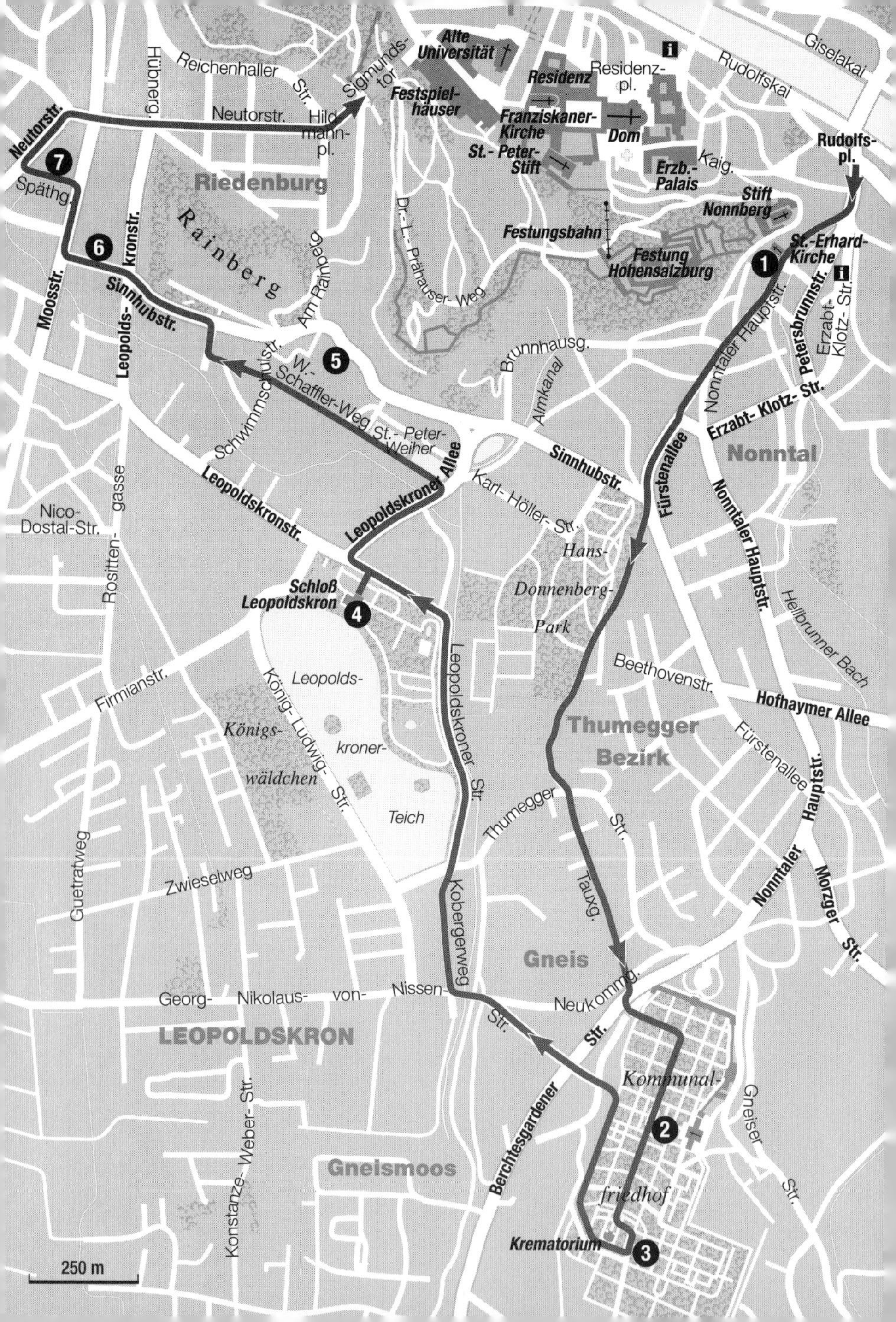

Alte Universität
Residenz
Residenzpl.
Festspielhäuser
Franziskaner-Kirche
Dom
St.-Peter-Stift
Erzb.-Palais
Kaig.
Giselakai
Rudolfskai
Rudolfspl.
Stift Nonnberg
Festungsbahn
Festung Hohensalzburg
St.-Erhard-Kirche
Reichenhaller Str.
Hübnerg.
Sigmundstor
Neutorstr.
Hildmannpl.
Riedenburg
Rainberg
Späthg.
Mooosstr.
Leopoldskronstr.
Sinnhubstr.
Am Rainberg
Dr.-L.-Prähauser-Weg
Brunnhausg.
Almkanal
Nonntaler Hauptstr.
Petersbrunnstr.
Erzabt-Klotz-Str.
Nonntal
Schwimmschulstr.
W.-Schaffler-Weg
St.-Peter-Weiher
Leopoldskroner Allee
Karl-Höller-Str.
Fürstenallee
Nico-Dostal-Str.
Rosittengasse
Hans-Donnenberg-Park
Schloß Leopoldskron
Hellbrunner Bach
Beethovenstr.
Hofhaymer Allee
Firmianstr.
Leopoldskroner-Teich
Königskroner-wäldchen
König-Ludwig-Str.
Leopoldskroner Str.
Thumegger Bezirk
Thumegger Str.
Morzger Str.
Guetratweg
Zwieselweg
Tauxg.
Kobergerweg
Gneis
Georg-Nikolaus-von-Nissen-Str.
Neukommg.
LEOPOLDSKRON
Berchtesgardener Str.
Kommunalfriedhof
Gneiser Str.
Gneismoos
Konstanze-Weber-Str.
Krematorium
250 m
1
2
3
4
5
6
7

Der Spaziergang, auf dem Sie Musikern, einem tollkühnen Abenteurer, einem Theaterzauberer sowie einem eigenbrötlerischen Schriftsteller begegnen werden, beginnt am Rudolfsplatz. Sie gehen die Nonntaler Hauptstraße entlang, die nach wenigen Metern leicht rechts abbiegt und hier zu einer engen Gasse wird. Auf der rechten Seite kommen Sie an der Kirche St. Erhard vorbei, hinter der ein prächtiges Rokokohaus steht, das

❶ Wohnhaus von Peter Cornelius Nonntaler Hauptstraße 20

Zwei Monate lebte der Komponist und Dichter Peter Cornelius (1828–1874) im Sommer 1862 hier in der Abgeschiedenheit der Nonntaler Hauptstraße und arbeitete an seiner zweiten Oper *Cid*. Der bescheidene, melancholische Musiker, der sich selbst einmal als »Nebenmensch« bezeichnete, war zeitlebens ein Suchender. Er legte sich nicht auf ein Genre fest, sondern komponierte Lieder ebenso wie Kirchenmusik und Opern, dichtete Sonette und Dramen, wollte eine »einfache, heitere und beglückende« Kunst schaffen.

Eigentlich hatte Peter Cornelius wie seine Eltern Schauspieler werden wollen, doch wandte er sich nach dem frühen Tod des Vaters 1843 der Musik zu. In Berlin erhielt er eine solide Kontrapunktausbildung und ging anschließend nach Weimar, wo er sich in dem Kreis um Franz Liszt schnell heimisch fühlte. Liszt sei ein »Mordskerl«, schrieb er, nachdem er diesen hatte Klavier spielen hören. Selbst fand der miserable Pianist Cornelius das »Herumrasen auf den schwarz und weißen Tasten ... etwas Schauderhaftes«. Der »Meister« Liszt verschaffte ihm Kontakte zu Musikverlegern und machte ihn mit Richard Wagner bekannt. Als Cornelius 1858 seine erste Oper *Der Barbier von Bagdad* beendete, lobte Liszt sie als »ein entzückendes, feines und vornehmes Werk«. Die Premiere war jedoch ein Theaterskandal. Der Weimarer Intendant Franz Freiherr von Dingelstedt, der Cornelius als einen »pathetischen Hanswurst der Zukunftsmusik« bezeichnete, sorgte für lautstarke Proteste während der Vorstellung. Cornelius verließ daraufhin Weimar.

Er verbrachte die nächsten sechs Jahre hauptsächlich in Wien, wo er für seine Weimarer Freundin, die Sängerin Rosa von Milde, Sonette dichtete und Richard Wagner wieder begegnete. Dieser zog den abtrünnigen Liszt-Jünger in seinen Kreis. Obwohl Cornelius bekannte, »Wagners Atmosphäre hat eine große Schwüle, er verbrennt und nimmt mir die Luft«, vermochte er sich Wagners suggestiver Macht nicht zu entziehen und folgte ihm 1865 nach München. Damals wurde seine zweite Oper *Cid*, eine »Fehlgeburt«, wie Wagner meinte, mit Erfolg in Weimar uraufgeführt. Das äußerlich unruhige Leben hatte jetzt ein Ende. Eine Stelle an der Musikschule München enthob ihn der finanziellen Sorgen, und nach mehreren Liebesaffären begegnete er Bertha Jung, die er 1867 heiratete. Die Schulmeisterei gefiel ihm jedoch nicht, und er klagte dar-

Peter Cornelius

über, zuwenig Zeit für seine eigene Arbeit zu haben. Cornelius konnte nicht wissen, daß ihm bis zu seinem frühen Tod nur noch sieben Jahre blieben, in denen er zahlreiche Lieder und eine Oper komponierte. Bis heute besitzen noch einige seiner Chorwerke und seine *Weihnachtslieder* Bedeutung.

Sie folgen der Nonntaler Hauptstraße hinaus aus der Stadt. An der Weggabelung nehmen Sie die mittlere Straße, die Fürstenallee, gehen bis zur Sinnhubstraße, überqueren diese und kommen in einen Park. Sie gehen an einem Kanal entlang, bis der Weg diesen überquert und auf eine kleine Teerstraße stößt. Bei der nächsten Gabelung halten Sie sich rechts, laufen leicht bergan und befinden sich plötzlich auf einer Wiese. Der Weg führt an einem Bauernhof vorbei und endet auf einer Straße. Hier beginnt auf der gegenüberliegenden Seite die Tauxgasse, der Sie bis zur Neukommgasse folgen.

Jenseits der Hauptstraße sehen Sie die Mauer des Kommunalfriedhofs, zu dem Sie über eine Treppe rechts gelangen. Sie betreten den Friedhof durch den Eingang 9. Das Gräberfeld ist in Parzellen (sog. Gruppen) eingeteilt. Sie gehen geradeaus zwischen den Gruppen 5 und 12 hindurch und biegen bei der ersten Möglichkeit rechts auf einen Friedhofsweg. Bei der zweiten Wegkreuzung stoßen Sie links auf die Gruppe 22. Gleich an der Ecke dieser Parzellen finden Sie die Gräber von Hermann Bahr, dessen Eltern Alois und Minna Bahr sowie das

❷ Grab von Anna Bahr-Mildenburg Kommunalfriedhof Gruppe 22

Die in Wien geborene Tochter eines österreichischen Offiziers hatte schon als Kind eine schöne Stimme, die die Eltern ausbilden ließen. Freilich dachten sie dabei nicht an eine Gesangskarriere und weigerten sich strikt, als die 17jährige erklärte, sie wolle Sängerin werden. Mit Unterstützung des Regisseurs und Dichters Julius Rosen setzte Anna von Mildenburg (1872–1947) ihren Willen jedoch durch und ging nach Wien ans Konservatorium. Der Hamburger Operndirektor Bernhard Pollini engagierte die 23jährige 1895 ans Stadttheater. Nur zunehmen müsse sie, war seine Bedingung, denn es fehle ihr für eine Walküre an Körperfülle. Die Begegnung mit Gustav Mahler, der sich stürmisch in sie verliebte und ihr rund 180 Briefe schrieb, sowie die Freundschaft mit Cosima Wagner erschlossen ihr neue Tiefen der Wagnerschen Musik. »Diese Welt ist für mich entstanden – und ich bin für sie geboren«, bekannte sie. Bald war sie ein gefeierter Star.

Anna Bahr-Mildenburg als Welt in Hugo von Hofmannsthals *Salzburger Großem Welttheater*, 1925

In Bayreuth hörte Hermann Bahr sie in der Rolle der Isolde. Er war von »dem tiefen Ton weltfremder Verwunderung und weltbangen Entsetzens« so berührt, daß er sich kopfüber in die Sängerin verliebte. 1909 heirateten sie in Wien, drei Jahre später zogen sie nach Salzburg. Es war eine glückliche und produktive Ehe. Gemeinsam arbeiteten sie an Theaterprojekten, Hermann Bahr trat als ihr Agent auf, während sie – auch mit schauspielerischer Begabung gesegnet – in den Dramen ihres Mannes spielte. Im Ersten Weltkrieg pflegte sie als »Schwester Anna« aufopferungsvoll verwundete Soldaten in einem Salzburger Lazarett.
Nach dem Krieg trat sie nur noch selten öffentlich als Sängerin auf und wurde statt dessen zu einer gefragten Lehrerin, die 1922 einem Ruf an die Münchner Musikakademie folgte. Salzburg, der geliebten Stadt ihres Mannes, blieb sie noch lange als Festspielakteurin treu. Die Altersjahre verbrachte sie mit einer Schar Hunde und Katzen in Wien, wo die Tragödin vereinsamte und 1947 starb.
Sie gehen zurück auf den Weg, den Sie gekommen sind, und folgen ihm bis zur Gruppe 58. Hier wenden Sie sich nach links, passieren das Krematorium und erreichen die Gruppe 75. Hinter der Buchsbaumhecke liegt das

❸ Grab von László Almásy
Kommunalfriedhof Gruppe 75

Ladislaus Eduard (László Ede) Almásy (1895–1951) war ein Abenteurer, wagemutiger Wüstenforscher und un-

László Almásy nahe Assiut am Nil, in den 30er Jahren

durchsichtiger Agent, von dem vermutlich heute nur noch wenige wüßten, hätten nicht der Schriftsteller Michael Ondaatje sein Leben in dem Roman *Der Englische Patient* beschrieben und Anthony Minghella auf der Grundlage des Buches einen preisgekrönten Film gedreht. Der Sohn eines Asien-Experten wurde 1895 auf Schloß Bernstein im Burgenland, damals Westungarn, geboren. Die Leidenschaft, andere Kulturen kennenzulernen, erbte er wohl vom Vater. Hinzu kam ein Faible für Autos und Flugzeuge, das er in den zwanziger Jahren als Werksfahrer für eine Grazer Autofabrik unter Extrembedingungen in Ägypten ausleben konnte. Aus dem Draufgänger, der sich in sechs Sprachen fließend unterhalten konnte, wurde mehr und mehr ein Wüstenliebhaber und -forscher. Er entdeckte Zarzura, die legendäre »Oase der kleinen Vögel«, sowie die Höhle der Schwimmer mit ihren prähistorischen Felszeichnungen, die mitten in der libyschen Wüste von einer untergegangenen Kultur künden. Während des Zweiten Weltkriegs war Almásy eine schillernde Figur, deren Rolle sich nie genau klären ließ. Der intime Kenner der Wüste, dem ein Neffe Rommels eine Liaison mit dem »Wüstenfuchs« nachsagte, leitete ab 1940 als Hauptmann der Luftwaffe ein deutsches Sonderkommando in Libyen. Nach dem Krieg wurde er von den Sowjets inhaftiert und vor ein Volksgericht gestellt, dank der Fürsprache einflußreicher Bekannter aber wieder freigelassen. Er ging nach Kairo, wo er als Fluglehrer arbeitete. Eine nicht ausgeheilte Amöbenruhr machte ihm mehr und mehr zu schaffen. Der Todkranke kehrte schließlich nach Österreich zurück, wo er 1951 in Salzburg starb. Ungarische Fliegerkameraden stifteten 1994 einen neuen Grabstein, auf dem er als »Pilot, Saharaforscher und Entdecker der Oase Zarzura« verewigt ist. Seinen wahren Ehrentitel aber nennt der Gedenkstein auf Schloß Bernstein: »Abu Ramla«, Vater des Sandes, wie er bei seinen Beduinenfreunden hieß.

Sie gehen am Krematorium zurück bis zur Friedhofsmauer, an der Sie rechts hinunter bis zum Ausgang 8 bei der

Gruppe 24 laufen. Sie überqueren den Parkplatz, kommen zur Hauptstraße und nehmen auf der gegenüberliegenden Straßenseite die Georg-Nikolaus-von-Nissen-Straße. Die zweite Straße rechts ist der Kobergerweg, der zum Leopoldskroner Teich führt. Das Sträßchen geht in die Leopoldskroner Straße über. Am Teich entlang kommen Sie zum

Max Reinhardt im Marmorsaal von Schloß Leopoldskron

❹ Schloß Leopoldskron Residenz von Max Reinhardt

Als die Zeit der Schloßherren zu Ende ging, kaufte der Schauspieler und Regisseur Max Reinhardt (1873–1943) 1918 das barocke Sommerpalais Leopoldskron, das 1736 nach den Entwürfen des italienischen Architekten Santino Solari erbaut worden war. Die Erzbischöfe hatten hier Feste gefeiert, der junge Mozart hatte im herrschaftlichen Marmorsaal dem Hof aufgespielt, doch bereits 1851, als der über seine Liebe zu der Halbweltdame Lola Montez gestürzte Bayernkönig Ludwig I. einsam mit seinen Hunden im Schloßpark spazierenging, hatte sich der heitere Glanz von Leopoldskron verloren. Am Ende des Ersten Weltkriegs stand das Schloß leer, das Gebäude war verwahrlost, der Park verwildert.

Dieser Zustand war wie dazu geschaffen, die Phantasie des »Theaterzauberers« Max Reinhardt zu entflammen. Das Barockschloß wieder zum Leben zu erwecken wurde für die nächsten 18 Jahre seine liebste Beschäftigung. Er legte eine Geduld an den Tag, wie sie dem von Einfällen Getriebenen sonst fremd war. Der leidenschaftliche Bauherr Reinhardt konnte am Ende seines Lebens 13 Theaterbauten sein Werk nennen, die er mit Feuereifer betreut, glänzend eröffnet, dann aber, von einer neuen Idee gepackt, schnell anderen überlassen hatte. Bei seinen Theaterprojekten legte er sich nicht auf eine Richtung fest, sondern probierte alles aus: Er inszenierte Klassiker und zeitgenössische Dramatiker, entdeckte die Intimität der Kammerbühne und versuchte sich vor Tausenden mit antiken Massenspektakeln in Arenen. Er studierte Pantomimen und Opern ein, drehte Filme und liebte besonders das festliche Spiel außerhalb geschlossener Theaterräume wie etwa auf dem Salzburger Domplatz. In diesem atemlosen Theaterdasein war Leopoldskron Max Reinhardts liebevollste Inszenierung. Hier konnte der »machtvolle Souverän der Phantasie«, wie ihn Franz Werfel respektvoll nannte, seine barocke Lust an Farben und am Spiel voll entfalten.

Seit den zwanziger Jahren luden Reinhardt und seine Frau, die Schauspielerin Helene Thimig (1889–1974), gerne auf Schloß Leopoldskron ein. Dann fuhren Prominente aus der ganzen Welt mit ihren Luxuslimousinen vor: Schauspieler, Dichter, Musiker, Maler, Geistliche, Politiker, echter Adel und Geldadel, Schöne und Verwegene. Sie ließen sich von Reinhardts Welt verzaubern, in der »sich der Revolutionär mit dem Monarchisten ausgezeichnet ... bei Champagner und Kaviar, bei Rehrücken und Burgunder« verstand, wie Carl Zuckmayer, einer der Gäste, bemerkte. Die bis zu 200köpfige Gesellschaft erging sich zunächst in dem mit Lampions illuminierten Park, in dem barocke Statuen und kleine Gartenzwerge standen, exotische Vögel zwitscherten und zwei Affen die Gäste

Ausgelassene Gesellschaft im Marmorsaal
von Schloß Leopoldskron.
Links im Sessel: Max Reinhardt

ergötzten. Im Weiher tummelten sich Schwäne, Flamingos, Kraniche und Pelikane. Am frühen Morgen, wenn die meisten aufbrachen, nahm Reinhardt den einen oder anderen diskret beiseite und bat ihn, noch ein wenig zu bleiben. Im kleinen Kreis zog man sich in die Bibliothek zurück, die der berühmten St. Gallener Klosterbibliothek nachempfunden war. Zu dieser »Licht- oder Geisterstunde« wurden bei Kognak Anekdoten erzählt, Pläne geschmiedet, es wurde vorgelesen oder einfach nur geplaudert. Elisabeth Bergner, Tilla Durieux, Heinrich George, Gerhart Hauptmann, Hugo von Hofmannsthal, Thomas Mann, Fritz von Unruh, Franz Werfel, Frank Wedekind, Thornton Wilder und viele andere zählten zu den Besuchern auf Leopoldskron, die für anregende Unterhaltung sorgten. Max Reinhardt saß gewöhnlich still da und hörte konzentriert zu.

Es war eine seiner Stärken, daß er sich nie in den Vordergrund drängte, sondern zuhören und sich von anderen anregen lassen konnte. Vor allem Schauspieler arbeiteten gerne mit ihm zusammen, weil sie, so Hermann Bahr, »das Gefühl (hatten), daß er ihnen nichts aufdrängt«, sondern die Ausdrucksstärke jedes einzelnen zu entdecken vermochte. Reinhardt bereitete sich auf Inszenierungen akribisch vor. Bei Probenbeginn besaß er eine bis in die kleinste Bewegung und den einzelnen Tonfall gehende Vision von einem Stück, die er in seinen Regiebüchern festhielt. Diese sog. Partituren änderte er während der Proben, die er wie ein offenes Gespräch gestaltete. Unvermittelt sprang er auf die Bühne, spielte eine Szene, wie er sie sich wünschte, vor, diskutierte, verwarf oder setzte sich durch – aber nie laut, sondern stets leise und höflich. Seiner intensiven Bühnenarbeit verdankte er den Namen »Schauspieler-Regisseur«.

Den Schauspielerberuf hatte Max Reinhardt sich erkämpfen müssen. Er stammte aus einer Wiener jüdischen Kaufmannsfamilie, für die »das Theater so fern wie der Mond« war. Bankbeamter hätte er werden sollen, doch zog es ihn zum Theater, wo ihn der Naturalistenpapst Otto Brahm, Direktor des Deutschen Theaters in Berlin, entdeckte. Nach einem kurzen Engagement in Salzburg 1894 ging Reinhardt ans Deutsche Theater. Schnell wurde ihm das Brahmsche Theater zu langweilig. »Auch wurde in diesen naturalistischen Aufführungen fast immer auf der Bühne gegessen, meist Knödel und Kraut, was zwar gut war, aber einem mit der Zeit auch über werden konnte«, erinnerte er sich. Er vermißte die Freude am Spiel, die für seine nun beginnende Regiearbeit ein wichtiges Prinzip wurde. Als er 1905 den *Sommernachtstraum* von Shakespeare inszenierte und dabei erstmals die Drehbühne als dramaturgisches Mittel einsetzte, erlangte er über Nacht Weltruhm. Noch im selben Jahr folgte er Otto Brahm als Direktor des Deutschen Theaters und bespielte daneben weitere Berliner Bühnen.

Ab 1918 löste Reinhardt sich von Berlin und arbeitete nun auch in Wien, in den USA und in Salzburg. Doch schon in dieser Zeit wankte sein uneingeschränktes Theaterimperium, nachdem jüngere Regisseure wie Berthold Viertel und Bertolt Brecht die Bühnen erobert hatten. Daß er nicht überall mehr begeistert aufgenommen wurde, erfuhr er erstmals 1933 auf einer Gastspielreise durch Europa. Die Schriftstellerin Annette Kolb, die ihn kurz vor seiner Emigration in die USA 1937 auf Leopoldskron besuchte, berichtete von einem abgemagerten Reinhardt, »den Wanderstab in seinen Händen und neuen Bahnen unter dem Sternenhimmel zugekehrt«. Als er 1937 zu einem Gastspiel nach Amerika aufbrach, wußte er noch nicht, daß er Leopoldskron nie wiedersehen würde. Gleich nach dem Einmarsch in Österreich beschlagnahmten die Deutschen das Schloß.

Der »Götterliebling« Reinhardt, der »das Leben nur etwas erhöht ertragen (konnte), nur ein paar Zentimeter über dem Boden«, schaffte in den USA trotz zahlreicher Anstrengungen keinen Durchbruch mehr. Als Brecht ihn in seinem immer noch fürstlichen, aber auf Pump finanzierten Domizil in Los Angeles besuchte, fand er den »alten zauberer ... abgeblaßt wie eine mit dem löschblatt behandelte tuschzeichnung«. Dem lebensfrohen Träumer, der auf Gesellschaften immer am lautesten gelacht hatte, sei das Lachen vergangen, gestand Reinhardt kurz vor seinem Tod im Oktober 1943.

Die Leopoldskroner Allee führt vom Schloß Richtung Innenstadt. Sie folgen ihr und biegen links vor dem St.-Peter-Weiher in einen Fußweg ein. Hinter dem Weiher liegt rechts eine Wiese, die von den Rückfassaden der Häuser an der Sinnhubstraße gesäumt wird. Das vierte Haus von rechts war das

Helene Thimig und Max Reinhardt

❺ Wohnhaus von Hans Sedlmayr Sinnhubstraße 46

Der Sohn eines Wiener Hochschulprofessors, Hans Sedlmayr (1896–1984), studierte nach dem Ersten Weltkrieg in Wien Architektur, wechselte zur Kunstgeschichte und promovierte 1923 mit einer Arbeit über Fischer von Erlach. Nach seiner Habilitation erhielt er 1936 den Lehrstuhl für Kunstgeschichte seines verstorbenen Doktorvaters Julius von Schlosser, 1951 folgte er einem Ruf als Ordinarius an die Universität München. Damals war bereits sein bekanntestes

Werk erschienen. Die christlich-konservative Analyse der Moderne *Verlust der Mitte. Die bildende Kunst im 19. und 20. Jahrhundert als Symptom und Symbol der Zeit* von 1948, mittlerweile vielfach neu aufgelegt, zählt zu den grundlegenden kunsttheoretischen Abhandlungen des 20. Jahrhunderts. Nach seiner Emeritierung 1963 zog er hierher nach Salzburg, baute das Kunsthistorische Institut an der Universität Salzburg auf und kämpfte bis zu seinem Tod in Vorträgen und Schriften engagiert gegen kommerzielle Städteplanung und für den Erhalt der Salzburger Altstadt.

Der Fußweg endet auf der Schwimmschulstraße. Schräg gegenüber beginnt die Zallweingasse, die nach wenigen Metern rechts hinauf auf die Sinnhubstraße führt. Sie gehen links bis zur

Hans Sedlmayr

Leopoldskronstraße und setzen den Weg auf der gegenüberliegenden Seite in der Sinnhubstraße fort. Auf der rechten Seite sehen Sie Lagerhallen und Werkstätten. Hier standen früher Wohnhäuser, unter anderem das

❻ Ehemalige Wohnhaus von Wilhelm Backhaus Sinnhubstraße 7

Der Pianist Wilhelm Backhaus (1884–1969), der als einer der bedeutendsten Beethoven-Interpreten des 20. Jahrhunderts in die Musikgeschichte eingegangen ist, verbrachte seine letzten Lebensjahre hochbetagt hier in Salzburg. Schon in früher Kindheit verblüffte die musikalische Begabung des 1884 in Leipzig geborenen Kaufmannssohns die Öffentlichkeit, als das Wunderkind am Klavier mit seiner virtuosen Beherrschung technischer Höchstschwierigkeiten brillierte. Um das Ausnahmetalent zu fördern, kam Backhaus bereits mit zehn Jahren an das Leipziger Konservatorium. Der junge Pianist gab von 1900 an aufsehenerregende Konzerte in Europa, Nord- und Südamerika sowie Australien, die seinen internationalen Ruf begründeten. Das College of Music in Manchester verlieh dem 21jährigen eine Professur, die er bis 1908 innehatte. Damals war Backhaus ein großer akademischer Techniker, dessen Musik ein wenig Geist und Seele fehlte, wie ein Kritiker meinte. Er spiele »Bach wie Liszt, Beethoven wie Chopin«.

Seit dem Ersten Weltkrieg lebte er, in den Konzertsälen gefeiert und mit hohen Preisen geehrt, überall in der

Wilhelm Backhaus

Welt: mal in London, mal in Berlin, mal in New York, mal am Lugano-See. Mit wachsender Reife beseelte sich sein ruhiges, unsentimentales Spiel. Noch wenige Tage vor seinem Tod trat der 85jährige auf und spielte eine Beethoven-Sonate, die er wegen eines Schwächeanfalls abbrechen mußte. Nach einer Pause kehrte er noch einmal ans Klavier zurück und spielte, als wisse er um sein nahes Ende, *Des Abends* und *Warum* von Franz Schubert. Die Anwesenden waren tief erschüttert. Da löste Backhaus die Befangenheit, indem er »anmutig, ganz und gar abgeklärt und heiter« das *As-Dur-Impromptu* von Schubert spielte. Sechs Tage später war Backhaus tot.

Sie biegen rechts in die Moosstraße und gleich wieder links in die Späthgasse ein. Fast am Ende der Straße, auf der rechten Seite, steht das

❼ Wohnhaus von Johannes Freumbichler Späthgasse 8

Der Schriftsteller Johannes Freumbichler (1881–1949), Thomas Bernhards Großvater, lebte im Winter 1902 vorübergehend in der Späthgasse. Später zog er in die Radetzkystraße, in der er seine letzten Lebensjahre verbrachte.

Der gebürtige Henndorfer stammte aus einer Familie von Bauern, Gastwirten und Krämern. Wie sein älterer Bruder, der früh Selbstmord verübte, lehnte Freumbichler es ab, Kaufmann zu werden. Während seiner Schulzeit, die er ab 1895 in Salzburg verbrachte, gehörte er der Burschenschaft *Eiserner Ring* an, die dem Ideal der Freiheit huldigte, anarchistischen Tendenzen nicht abgeneigt, aber auch nicht frei von Deutschtümelei war. Hier begegnete Freumbichler Rudolf Kasparek (1884–1920), dem er bis zu dessen frühen Tod 1920 tief verbunden blieb. Die Beziehung ging über eine reine Männerfreundschaft hinaus. Von »Liebe« war die Rede, in Briefen finden sich homoerotische Anklänge. Als Freumbichler im sächsischen Altenburg das Technikum besuchte, folgte ihm der Freund und stellte die Verbindung zu einer jungen Frau her, ohne deren Aufopferung Freumbichler später nicht als Schriftsteller hätte existieren können. Anna Bernhard, unglücklich mit einem Schneider verheiratet, wurde von den Freunden, die sich zu den »Verkündern einer neuen Zeit« zählten, als Dietlinde in den »heiligen« Freundschaftsbund aufgenommen. Um dem Ehejoch zu entkommen, verließ Anna Bernhard, für Kasparek »das erste unerschrockene und freie Weib«, ihren Mann und folgte Freumbichler fortan überall hin: nach Basel, Meran und München, wo Kasparek für sich und seinen Freund Verlagskontakte knüpfte. Allerdings mußte Freumbichler zur Publikation seines ersten Romans *Julia Wiedeland* 3000 Mark zuschießen. In Bozen fand Freumbichler, der, von einigen kurzen Beschäftigungsverhältnissen abgesehen, das Leben eines freien Schriftstellers führte, in der »Frau Justizrat« Clarita Thomsen eine Gönnerin. Sie förderte ihn über Jahre hinweg und bezahlte die Ausbildung Anna Bernhards zur Hebamme.

Freumbichler widmete sich mit einer an Monomanie grenzenden Ausschließlichkeit dem Schreiben. Um den – wie sein Enkel Thomas Bernhard es formulierte – »Zustand der totalen schöpferischen Isolation« zu erreichen, verlangte er von Anna Bernhard und später von seiner Tochter Herta, Thomas Bernhards Mutter, »restlose, bedingungslose Hilfe und Aufopferung«. Früh morgens stand er auf, hüllte sich in eine alte Pferdedecke und setzte sich an den Schreibtisch. Anna Bernhard mußte den Lebensunterhalt verdienen und ihre Sorgen für sich behalten, um den Dichter nicht zu belasten. Dieser fand es selbstverständlich, daß Herta ihm den Haushalt führte und ihm ihre Ersparnisse überließ. Doch wäre es wohl falsch, Anna und Herta Bernhard als Opfer eines herrischen Egomanen zu betrachten. Herta identifizierte sich so weit mit ihrem Vater, »als wären wir ein einziger Mensch, der leben oder zugrunde gehen muß«. Anna Bernhard wollte sein »fester Stock« sein und suchte in Freumbichler ihren Lebenssinn: »... meine Verehrung für dich erfüllt mich wie eine Religion die Gläubigen.« Der einzige größere Erfolg Freumbichlers war ihrer Tatkraft zu verdanken. 1935 schickte sie den von drei Verlagen abgelehnten Roman *Philomena Ellenhub* an Carl Zuckmayer nach Henndorf. Dem gefiel das Manuskript, und er empfahl es dem Verleger Paul Zsolnay. Obwohl Freumbichler für diesen Bauernroman

Johannes Freumbichler, Ende der 30er Jahre

den Österreichischen Staatspreis erhielt, blieb seine ökonomische Lage schwierig. Immerhin sah er sich angesichts dieses Erfolgs in der Lage, eine Hochzeit finanzieren zu können, und heiratete Anna Bernhard nach 34 Jahren Zusammenlebens 1938.
Als der »ohne den Segen der Kirche« getraute Schriftsteller 1949 in Salzburg starb, verweigerte der Pfarrer die Beerdigung. »Erst als mein Onkel, sein Sohn, zum Erzbischof gegangen und diesem gesagt hatte, er werde die schon in fortgeschrittener Verwesung befindliche Leiche seines Vaters, meines Großvaters, ihm, dem Erzbischof, vor die Palasttüre legen, hatte der Bischof die Erlaubnis zur Bestattung meines Großvaters auf dem Maxglaner Friedhof gegeben«, berichtet Thomas Bernhard in seiner Erzählung *Die Ursache*. Heute hat Johannes Freumbichler ein Ehrengrab auf dem Friedhof Maxglan.
Am Ende der Späthgasse nehmen Sie rechts die Neutorstraße, der Sie bis zu ihrem Ende folgen. Sie befinden sich nun auf dem Hildmannplatz und laufen durch das Neutor in die Altstadt.

Benutzte Literatur (Auswahl)

50 Jahre Salzburger Festspiele. Katalog zur Ausstellung der Residenzgalerie Salzburg. Salzburg 1970

Almásy, Ladislaus E.: Schwimmer in der Wüste. München 1998

Das Atlantisbuch der Dirigenten. Eine Enzyklopädie. Hg. von Stefan Jaeger. Zürich 1985

Bahr, Hermann: Salzburg. Berlin 1914

Befreit und besetzt. Stadt Salzburg 1945–1955. Hg. von Erich Marx. (Schriftenreihe des Archivs der Stadt Salzburg 7) Salzburg, München 1996

Biber und Muffat. Salzburger Komponisten zur Zeit des Hochbarock. Jahresschrift 1980 der Salzburger Bachgesellschaft. Hg. von Albert F. Hartinger und Gerhard Walterskirchen. Salzburg 1980

Böhm, Karl: Ich erinnere mich ganz genau. Autobiographie. Hg. von Hans Weigel. Zürich 1968

Bühne der Welt – Glanzvolles Salzburg. Eine Festspiel-Hommage. Hg. von Dagmar Stecher-Konsalik und Georg von Turnitz. Bayreuth 1985

Büning, Eleonore: Die Schöne, die Schlampe, die Faule, das Dummchen. Aloysia, Constanze, Josepha, Sophie – Mozarts »Webersche«. In: Deutsche Schwestern. Vierzehn biographische Porträts. Hg. von Katharina Raabe. Berlin 1997, S. 125–151

Daviau, Donald G.: Der Mann von Übermorgen. Hermann Bahr 1863–1934. Wien 1984

Deppisch, Walter: Richard Strauss in Selbstzeugnissen und Bilddokumenten. 11. Aufl. Reinbek b. Hamburg 1991 (rororo monographien)

Dopsch, Heinz, und Robert Hoffmann: Geschichte der Stadt Salzburg. Salzburg, München 1996

Dorschel, Andreas: Hugo Wolf in Selbstzeugnissen und Bilddokumenten. Reinbek b. Hamburg 1985 (rororo monographien)

Ein ewiges Dennoch. 125 Jahre Juden in Salzburg. Hg. von Marko M. Feingold. Mit einem Sonderteil von Manfred Altmann. Wien, Köln, Weimar 1993

Eltz-Hoffmann, Lieselotte von: Salzburger Frauen. Leben und Wirken aus 13 Jahrhunderten. Salzburg 1997

Endler, Franz: Karl Böhm. Ein Dirigentenleben. Hg. von Stefan Jaeger. Vorwort von Leonard Bernstein. Hamburg 1981

Faktor, Emil: Alexander Moissi. (Der Schauspieler. Eine Monographiensammlung. Hg. von Herbert Ihering. 5) Berlin 1920

Fialik, Maria: Der konservative Anarchist. Thomas Bernhard und das Staats-Theater. Wien 1991

Fiedler, Leonhard M.: Max Reinhardt in Selbstzeugnissen und Bilddokumenten. Reinbek b. Hamburg 1994 (rororo monographien)

Gallup, Stephen: Die Geschichte der Salzburger Festspiele. Wien 1989

Hadamowsky, Franz: Reinhardt und Salzburg. Salzburg o. J.

Haidegger, Christine: Vogel Federlos. In: Schriftstellerinnen sehen ihr Land. Österreich aus dem Blick seiner Autorinnen. Hg. von Barbara Neuwirth. Wien 1995, S. 194–204

Hennenberg, Fritz: Wolfgang Amadeus Mozart in Selbstzeugnissen und Bilddokumenten. Hamburg 1998 (rororo monographien)

Hildesheimer, Wolfgang: Mozart. Frankfurt 1980

Holzmeister, Clemens: Architekt der Zeitenwende. Selbstbiographie. Werkverzeichnis. Salzburg, Stuttgart, Zürich 1976

Honolka, Kurt: Die großen Primadonnen. Vom Barock bis zur Gegenwart. Wilhelmshaven, Locarno, Amsterdam 1982

Jancik, Hans: Michael Haydn. Ein vergessener Meister. Zürich, Leipzig, Wien 1952

Jungk, Robert: Kokoschka lehrt das Sehen. In: Oskar Kokoschka. Das druckgraphische Werk 1906–1975. Salzburg 1976, S. 171–172

Ders.: Trotzdem. Mein Leben für die Zukunft. München 1994

Kästner, Erich: Der kleine Grenzverkehr oder Georg und die Zwischenfälle. Köln 1949

Karajan, Herbert von: Mein Lebensbericht. Aufgezeichnet von Franz Endler. Wien 1988

Kaut, Josef: Die Salzburger Festspiele. Bilder eines Welttheaters. Salzburg 1973

Knorr-Anders, Esther: Salzburg. Ein Reisebegleiter. München 1991

Kokoschka, Oskar: Mein Leben. München 1971

Ders.: Meine Schule des Sehens. In: Oskar Kokoschka. Das druckgraphische Werk 1906–1975. Salzburg 1976, S. 175–176

Kolb, Annette: Mozart. Frankfurt a. M. 1984

Kubin, Alfred: Aus meinem Leben. München 1989

Lehmann, Lilli: Mein Weg. o. O. 1913

Lehmann, Lotte: Anfang und Aufstieg. Lebenserinnerungen. Wien, Leipzig, Zürich 1937

Leopold Mozart. 1719–1787. Bild einer Persönlichkeit. Hg. von Ludwig Wegele. Augsburg 1969

Markolin, Caroline: Die Grossväter sind die Lehrer. Johannes Freumbichler und sein Enkel Thomas Bernhard. Salzburg 1988
Martin, Franz: Salzburger Strassennamen. Verzeichnis der Strassen, Gassen, Plätze, Wege, Tore und Brücken mit Erklärung ihrer Namen. (Mitteilungen der Gesellschaft für Salzburger Landeskunde 15) 4. überarb. Aufl. Salzburg 1995
Martin, Gunther: Prominent in Salzburg. Ein biografisch-topografisches Lesebuch. Wien 1998
Moissi. Der Mensch und der Künstler in Worten und Bildern. Zusammengestellt von Hans Böhm. Berlin 1927
Mozart. Dokumente seines Lebens. Hg. von Otto Erich Deutsch und Joseph Heinz Eibl. München, Kassel, Basel, London 1991
Müller-Blattau, Joseph: Hans Pfitzner. Lebensweg und Schaffensernte. Frankfurt a. M. 1969
Oskar Kokoschka. Ein Lebensbild in zeitgenössischen Dokumenten. Zusammengestellt und hg. von Hans Maria Wingler. München 1956
Paumgartner, Bernhard: Erinnerungen. Salzburg 1969
Der Pegasus. Salzburger Dichter-Almanach 1952
Peter Cornelius als Komponist, Dichter, Kritiker und Essayist. Vorträge, Referate und Diskussionen. Hg. von Hellmut Federhofer und Kurt Oehl. (Studien zur Musikgeschichte des 19. Jahrhunderts Band 48) Regensburg 1977
Pieck, Werner: Die Mozarts. Porträt einer Familie. Hamburg 1998
Prater, Donald A.: Stefan Zweig. Das Leben eines Ungeduldigen. 2. Aufl. München 1982
Rachmanova, Alja: Ehen im roten Sturm. Tagebuch einer russischen Frau (1920–26). München 1979
Dies.: Milchfrau in Ottakring. Tagebuch einer russischen Frau. Salzburg 1933
Richard Strauss und Hugo von Hofmannsthal. Briefwechsel. Hg. von Willi Schuh. München, Mainz 1990
Rieger, Eva: Nannerl Mozart. Leben einer Künstlerin im 18. Jahrhundert. 2. Aufl. Frankfurt a. M. 1991
Salzburg. Reisebuch. Hg. von Adolf Haslinger. Frankfurt a. M., Leipzig 1993
Salzburg. Stadt und Umland. Hg. von Jacqueline u. Werner Hofmann. 5. Aufl. München 1977
Salzburger Kulturlexikon. Hg. von Adolf Haslinger und Peter Mittermayr. Salzburg, Wien 1987
Schmied, Wieland und Erika: Thomas Bernhards Häuser. Salzburg, Wien 1995
Schneditz, Wolfgang: Salzburger Festspielbuch. Salzburg 1958
Schuchter, Johanna: So war es in Salzburg. Aus einer Familienchronik. Salzburg 1977
Seipel, Wilfried: Alfred Kubin. Der Zeichner. 1877–1959. Wien, München 1988
Steiner, Gertraud: Salzburg für Frauen. Ein Stadt- und Reisebuch. Geschichte, Kultur, Information. Hg. von Christa Gürtler und Isabella Klien. Salzburg, München 1997
Stresemann, Wolfgang: ... und abends in die Philharmonie. Erinnerungen an große Dirigenten. Frankfurt a. M., Berlin, Wien 1985
Tenschert, Roland: Salzburg und seine Festspiele. Wien 1947
Thimig-Reinhardt, Helene: Wie Max Reinhardt lebte... eine Handbreit über dem Boden. 2. Aufl. Percha, Kempfenhausen 1973
Thomas Bernhard, Johannes Freumbichler, Hedwig Stavianicek. Bilder, Dokumente, Essays. Hg. von Manfred Mittermayer. (Die Rampe. Hefte für Literatur) Linz 1999
Trapp, Maria Augusta: Gestern, heute, immerdar. Wien 1954
Dies.: Die Trapp-Familie. Vom Kloster zum Welterfolg. Wien 1952
Valentin, Erich: Leopold Mozart. Porträt einer Persönlichkeit. München 1987
Vogel, Johann Peter: Hans Pfitzner in Selbstzeugnissen und Bilddokumenten. Reinbek b. Hamburg 1989 (rororo monographien)
Weiss, Walter M.: Auf den Spuren von Wolfgang Amadeus Mozart. Ein biographischer Reiseführer durch Salzburg, Prag & Wien. Wien 1997
Ders.: Salzburg. Stadt und Land. 2. Aufl. Köln 1997
Welz, Friedrich: Kokoschka und Salzburg. In: Oskar Kokoschka. Das druckgraphische Werk 1906–1975. Salzburg 1976, S. 168–170
Wessling, Berndt W.: Lotte Lehmann ... mehr als eine Sängerin. Salzburg 1969
Wickenburg, Erik Graf: Salzburger Gloria. Der Tag einer Landschaft. Salzburg 1956
Zuckmayer, Carl: Als wär's ein Stück von mir. Horen der Freundschaft. Hamburg 1968
Zweig, Friderike Maria: Spiegelungen des Lebens. Frankfurt a. M. 1985
Zweig, Friderike und Stefan: Unrast der Liebe. Ihr Leben und ihre Zeit im Spiegel ihres Briefwechsels. Frankfurt a. M. 1984
Zweig, Stefan: Salzburg. Die Stadt als Rahmen. In: Ders., Länder, Städte, Landschaften. (Gesammelte Werke in Einzelbänden) Frankfurt a. M. 1981, S. 87–92
Ders.: Die Welt von Gestern. Erinnerungen eines Europäers. (Gesammelte Werke in Einzelbänden) Frankfurt a. M. 1982

Bildnachweis

Aus: Almásy, Ladislaus E.: Schwimmer in der Wüste. Auf der Suche nach der Oase Zarzura. Innsbruck: Haymon-Verlag 1997 S. 150 – Archiv der Georg-Trakl-Forschungs- und Gedenkstätte, Salzburg S. 13, 14, 16 oben, 16 unten – Archiv der Hochschule für angewandte Kunst, Wien S. 30 – Archiv der Salzburger Festspiele S. 25, 26 (Foto Ellinger), 34 (Foto Pospesch), 47 (Foto Ellinger), 54, 57, 58 (Foto Ellinger), 59, 85 (Foto Ellinger), 92, 95, 97, 104 (Foto Ellinger), 116, 123, 133, 149, 151 (Foto Ellinger), 153, 155 – Bayerische Staatsgemäldesammlung, München S. 31 (VG Bild-Kunst/Pro Litteris) – Aus: Bertolt Brecht. Ein Leben in Bildern und Texten. Hg. von Werner Hecht. Frankfurt a. M.: Suhrkamp Verlag 1978 S. 52 (Berlau/J. Hoffmann, Berlin) – Bildarchiv der Österreichischen Nationalbibliothek, Wien S. 78, 98 – Aus: Christliche Kunststätten Österreichs, Nr. 4. Salzburg: Verlag St. Peter 1996 S. 28 – Aus: Deppisch, Walter: Richard Strauss mit Selbstzeugnissen und Bilddokumenten. Reinbek bei Hamburg: Rowohlt Taschenbuch Verlag 1991 S. 138 oben u. 143 (Henriette Hoffmann, München) – Dt. Literaturarchiv Marbach a. N. S. 84 – Aus: Dopsch, Heinz, und Hoffmann, Robert: Geschichte der Stadt Salzburg. Salzburg/München: Verlag Anton Pustet 1996 S. 126 unten (Foto: Oskar Anrather) – Aus: Dorschel, Andreas: Hugo Wolf mit Selbstzeugnissen und Bilddokumenten. Reinbek bei Hamburg: Rowohlt Taschenbuch Verlag 1985 S. 124 – Aus: Eltz-Hoffmann, Lieselotte von: Salzburger Frauen. Leben und Wirken aus 13 Jahrhunderten. Salzburg: Stadtverein, Colorama Verlag 1997 S. 50 (Privatbesitz) – Galerie Welz, Salzburg S. 99 (Barbara Kutschera) – Aus: Gallup, Stephen: Die Geschichte der Salzburger Festspiele. Wien: Orac Verlag 1989 S. 122 (Robert Haas) – Aus: Gerlach, Hans Jörgen: Heinrich Eduard Jacob. Between Two Worlds. Bio-bibliographische Angaben. 1994 S. 70 – Aus: Giedion-Welcker, Carola: Paul Klee mit Selbstzeugnissen und Bilddokumenten. Reinbek bei Hamburg: Rowohlt Taschenbuch Verlag 1991 S. 113 (Bildarchiv Felix Klee, Bern) – Aus: Great Opera Stars in Historic Photographs. Ed. by James Camner. New York: Dover Publikations 1978 S. 137 – Aus: Hennenberg, Fritz: Wolfgang Amadeus Mozart mit Selbstzeugnissen und Bilddokumenten. Reinbek bei Hamburg: Rowohlt Taschenbuch Verlag 1992 S. 121 unten (Reclam Verlag, Leipzig) – Historisches Museum der Stadt Wien S. 19, 105 – The Hulton Getty Picture Collection, London S. 77, 141 – Internationale Stiftung Mozarteum, Salzburg S. 7, 11, 24, 68, 100, 108, 110, 120, 121 oben – Aus: Jungk, Robert: Trotzdem. Mein Leben für die Zukunft. München/Wien: Carl Hanser Verlag 1993 S. 80 (Hermann Levin Goldschmidt) – The Kaplan Foundation, New York, und Gilbert E. Kaplan Collection, New York S. 138 unten – Aus: Keller, Harald: Salzburg. Aufnahmen von Walter Hege. München/Berlin: Deutscher Kunstverlag 1956 Vorsatz vorne, Vorsatz hinten, S. 9, 37 – Kunsthistorisches Museum Wien S. 22 – L. K. Reproduktionen und Verlag, Salzburg S. 41 – Aus: Martin, Gunther: Prominent in Salzburg. Ein biografisch-topografisches Lesebuch. Wien: Pichler Verlag 1998 S. 42 (Archiv Gunther Martin), 139 (Siegfried Lauterwasser, Überlingen) – Aus: Meyer-Abich, Adolf: Alexander von Humboldt mit Selbstzeugnissen und Bilddokumenten. Reinbek bei Hamburg: Rowohlt Taschenbuch Verlag 1988 S. 71 (Dr. Richard Bitterling) – Aus: Mozart. Bilder und Klänge. Katalog zur sechsten Salzburger Landesausstellung, Schloß Kleßheim, Salzburg, 23.3.-3.11.1991. Salzburger Landesausstellungen, 1991 S. 29 (Foto: Oskar Anrather) – Aus: Die Musik in Geschichte und Gegenwart. Allgemeine Enzyklopädie der Musik. Hg. von Friedrich Blume. Bd. 9. Kassel/Basel/London/New York: Bärenreiter-Verlag 1961 S. 43 (Verlag Koppenrath, Altötting); Bd. 6. Kassel/Basel/London: Bärenreiter-Verlag 1957 S. 114 (Bärenreiter-Archiv, Kassel); Bd. 14. Kassel: Bärenreiter-Verlag 1968 S. 125 (Dr. H. Schnoor, Bielefeld) – Aus: Neidhardt, Hans Joachim: Ludwig Richter. Leipzig: Seemann Verlag und Wien/München: Verlag Anton Schroll 1969 S. 115 – Aus: Das neue Lexikon der Musik. Bd. I. Stuttgart/Weimar: Metzler Verlag 1996 S. 106 – Werner Neumeister, München S. 157 – Oberösterreichisches Landesmuseum, Linz S. 61 – Aus: Österreich. Text von Franz Nabl. Königstein i. T.: Karl Robert Langewiesche Nachf. Hans Köster 1967 S. 117 (Maximilian von Karnitschnigg, Graz) – Aus: Paumgartner, Bernhard: Salzburg. Mit 84 Bildern nach Originalfotos von Maximilian Karnitschnigg. Wien/Leipzig: Fiba-Verlag 1935 S. 65, 145 – Aus: Die Rampe extra. Hefte für Literatur. Thomas Bernhard. Johannes Freumbichler. Hedwig Stavianicek. Bilder, Dokumente, Essays. Hg. von Manfred Mittermayer. o. J. S. 129, 130 u. 158 (Peter Fabjan) – Royal College of Music S. 148 – Aus: Salzburg Chronik. Bearb. von Pert Peternell. Salzburg: Verlag Das Bergland-Buch 1960 S. 51 (Archiv Krieger) – Aus: Salzburger Kulturlexikon. Hg. von Adolf Haslinger und Peter Mittermayr. Salzburg/Wien: Residenz Verlag 1987 S. 55, 102, 156 – Salzburger

Landesarchiv S. 89 – Salzburger Museum Carolino Augusteum S. 12, 17, 18 unten, 20, 44, 49, 60 oben, 60 unten, 63, 69, 73 (Foto Ellinger), 74, 88, 103, 112, 126 oben (Foto: Oskar Anrather), 128, 132 – Aus: Schneditz, Wolfgang: Salzburger Festspielbuch. Salzburg: Verlag Das Bergland-Buch [1960] S. 48 (Foto Ellinger), 53 (Schneditz), 144 (Schneditz) – Aus: Tenschert, Roland: Salzburg und seine Festspiele. Wien: Österreichischer Bundesverlag 1947 S. 45 (Festspielhausgemeinde, Salzburg), 96 (Setzer, Wien) – Johannes von Trapp S. 35 – Aus: Übersee. Flucht und Emigration österreichischer Fotografen 1920-1940. Hg. von Anna Auer. Katalog zur Ausstellung in der Kunsthalle Wien im Museumsquartier, 16.1.-15.3.1998. Kunsthalle Wien, 1997 S. 2 (Robert Haas) – Ullstein Bilderdienst S. 81, 83 – Aus: Verzeichnis der lieferbaren Bücher des Verlags Georg Müller. München 1924/25 S. 75 – Aus: Vogel, Johann Peter: Hans Pfitzner mit Selbstzeugnissen und Bilddokumenten. Reinbek bei Hamburg: Rowohlt Taschenbuch Verlag 1989 S. 135 (Edith Habs) – Aus: Weichselbaum, Hans: Georg Trakl. Eine Biographie mit Bildern, Texten und Dokumenten. Salzburg: Otto Müller Verlag 1994 S. 87 (Engel-Apotheke Salzburg) – Aus: »Die Zeit fährt Auto«. Erich Kästner zum 100. Geburtstag. Hg. von Manfred Wegner. Ausstellungskatalog. Dt. Historisches Museum Berlin u. Münchner Stadtmuseum, 1999 S. 18 oben (Atrium Verlag, Zürich) – Wir danken allen Rechteinhabern. In einigen Fällen ist es nicht gelungen, die heutigen Rechteinhaber zu ermitteln. Wir bitten diese, sich mit dem Verlag in Verbindung zu setzen.

Biographische Notiz

Christiane Raabe, geb. 1962 in Ludwigsburg. Studium der Malerei, Geschichte, Philosophie und Pädagogik in Braunschweig. Wiss. Assistentin für mittelalterliche Geschichte an der FU Berlin. 1994 Promotion in Mediävistik. Redaktionsleiterin in einem Münchener Verlag, Mutter eines Sohnes. Veröffentlichungen zur Geistesgeschichte des Mittelalters und verschiedene biographische Beiträge. Im Arche Verlag erschien von ihr gemeinsam mit Katharina Festner *Spaziergänge durch das München berühmter Frauen.*

Katharina Festner, geb. 1959 in Straubing. Studium der Germanistik, Theaterwissenschaft, Italienischen Philologie und Aufbaustudium Buchwissenschaften in München. Magister. Lebt in München und arbeitet als Lektoratsleiterin in einem großen Taschenbuchverlag. Journalistische Arbeiten zu aktuellen Themen. Im Arche Verlag erschien von ihr gemeinsam mit Christiane Raabe *Spaziergänge durch das München berühmter Frauen.*

Personenregister

Halbfette Ziffern verweisen auf Seiten, auf denen Personen in einem eigenen Abschnitt beschrieben werden. *Kursive Seitenzahlen* verweisen auf Abbildungen.